Gerold Braun

Verhandeln in Einkauf und Vertrieb

Gerold Braun

Verhandeln in Einkauf und Vertrieb

Mit System zu besseren Konditionen und mehr Profit

Bibliografische Information Der Deutschen Nationalbibliothek
Die Deutsche Nationalbibliothek verzeichnet diese Publikation in der
Deutschen Nationalbibliografie; detaillierte bibliografische Daten sind im Internet
über <http://dnb.d-nb.de> abrufbar.

1. Auflage 2008

Alle Rechte vorbehalten
© Betriebswirtschaftlicher Verlag Dr. Th. Gabler | GWV Fachverlage GmbH,
Wiesbaden 2008

Lektorat: Barbara Möller

Der Gabler Verlag ist ein Unternehmen von Springer Science+Business Media.
www.gabler.de

Das Werk einschließlich aller seiner Teile ist urheberrechtlich geschützt. Jede Verwertung außerhalb der engen Grenzen des Urheberrechtsgesetzes ist ohne Zustimmung des Verlags unzulässig und strafbar. Das gilt insbesondere für Vervielfältigungen, Übersetzungen, Mikroverfilmungen und die Einspeicherung und Verarbeitung in elektronischen Systemen.

Die Wiedergabe von Gebrauchsnamen, Handelsnamen, Warenbezeichnungen usw. in diesem Werk berechtigt auch ohne besondere Kennzeichnung nicht zu der Annahme, dass solche Namen im Sinne der Warenzeichen- und Markenschutz-Gesetzgebung als frei zu betrachten wären und daher von jedermann benutzt werden dürften.

Umschlaggestaltung: Nina Faber de.sign, Wiesbaden
Satz: ITS Text und Satz Anne Fuchs, Pfofeld-Langlau
Druck und buchbinderische Verarbeitung: Wilhelm & Adam, Heusenstamm
Gedruckt auf säurefreiem und chlorfrei gebleichtem Papier
Printed in Germany

ISBN 978-3-8349-0495-9

Liebe Leserin, lieber Leser,

dieses Buch ist für Sie als Praktiker in Einkauf und Vertrieb gedacht. Es ist für Menschen, die beruflich verhandeln und deren Resultate größten Einfluss darauf haben, ob es ihrem Unternehmen gut geht oder nicht.

Erstaunlich ist: Viele Menschen, betraut mit solch weit reichenden Verhandlungen, kennen keine Methodik, die ihnen regelmäßig und sicher zum Erfolg verhilft. Sie gehen oft ohne klaren Kurs und ohne Navigationsinstrumente in solche Verhandlungen.

Es ist dann kein Wunder, dass sie Verhandlungen als problematische und schwierige Situationen schnell hinter sich bringen wollen, anstatt die Herausforderung anzunehmen und das Beste für das eigene Unternehmen herauszuholen. Unweigerlich, eher früher als später, kommt der Zeitpunkt, zu dem sie dann auflaufen.

So bleibt es immer am Einkäufer hängen, wenn es zu Produktionsausfällen kommt, weil Zulieferer zum Beispiel falsche Qualität oder auch nicht rechtzeitig liefern. Und wie ist der Verkäufer im eigenen Unternehmen angesehen, dessen Kunden immer öfter kurz vor Vertragsunterzeichnung noch mit dieser und jener allerletzten Nachforderung kommen, dessen so gewonnene Aufträge dann kaum noch Gewinn abwerfen?

Das sind nur zwei Beispiele, die sich so oder so ähnlich jeden Tag tausendfach in Unternehmen abspielen. Es sind Beispiele dafür, wie es in der Regel läuft, wenn Verhandlungen nicht professionell geführt werden. Und nicht professionell heißt hier: Verhandler haben keine Methodik, die ihnen zuverlässig dabei hilft, gute Entscheidungen zu treffen.

Nun gibt es den offenbar nicht ausrottbaren Mythos, dass man Verhandeln nicht wirklich lernen kann, sondern dazu geboren sein muss. Verhandeln ist nach dieser Sichtweise eine Art Kunst. Gute Verhandler haben ein geradezu phantastisches Talent und werden deshalb auch gern und zuverlässig von der Muse geküsst. Ähnlich wie bei einem begnadeten Musiker „fließt" es aus ihnen, sodass sie am Ende der Verhandlung selbst nicht sagen können, wie „es" zu diesem Top-Ergebnis gekommen ist. Wir wissen natürlich, dass selbst die berühmtesten Virtuosen viele, viele Jahre sehr hart gearbeitet haben, bis sie mit – scheinbarer – Leichtigkeit Meisterwerke abliefern konnten.

Hinzu kommt, dass in den allermeisten Verhandlungen Meisterstücke gar nicht abgefordert werden. Man muss lediglich besser präpariert sein als der andere. Solides, lernbares Wissen und Können – fußend auf einem wirksamen System – das gewinnt; regelmäßig und sicher.

Und es gibt noch einen Mythos, der viel Strahlkraft hat, aber auch schnell entzaubert ist: Die „gute Beziehung" zum Verhandlungspartner ist das A und O eines guten Verhandlers. Stellen Sie sich vor, Sie sind beauftragt, wichtige Produktionsmittel zu beschaffen. Ihnen liegen zwei Angebote vor. Eines von einem wirklich netten Kerl. Allerdings klemmt das Angebot vorne und hinten. Hinter dem anderen Angebot, und es ist genau das, was die Produktion braucht, steht ein Typ, mit dem Sie nicht wirklich warm werden. Wer bekommt den Zuschlag? Die gute Beziehung ist nicht mehr das, was sie einmal war. Dazu ist heutzutage einfach der Wettbewerbsdruck zu groß. Was wirklich zählt, sind passende Lösungen und verlässliche Partner. Und um das zu bekommen, braucht es intensive Verhandlungen.

Ich will Ihnen mit diesem Buch ein **Verhandlungssystem** an die Hand geben. Ein System, das, sobald man es begriffen hat, einfach anzuwenden ist und das sofort zu sehr sicheren und guten Entscheidungen in Verhandlungen führt.

Und das System hat noch einen Vorteil: Jede Entscheidung ist rational nachvollziehbar. Sie können jederzeit ganz genau sagen, warum Sie sich so und nicht anders entschieden haben. Es kommt also nicht auf Bauchgefühl an oder in welcher Tagesform man ist. Mit diesem System bei der Hand kann der Anfänger dem ausgebufftesten Profi gegenübertreten und die Chancen stehen hoch, dass er herausholt, was für ihn drin ist.

Wenn ich hier und im weiteren Verlauf immer nur eine, überwiegend die männliche Form benutze – Verkäufer, Verhandler, Anfänger usw. – dann dient dies dem besseren Lesefluss. Es sind immer beide Geschlechter gemeint, wenn ich nicht explizit darauf hinweise, dass das Gesagte nur für Frauen oder nur für Männer gilt.

Wie Sie mit dem Buch am besten arbeiten

Das Buch ist in sieben Kapitel gegliedert, die aufeinander aufbauen. Sie werden am Ende ein elegantes, einfach zu handhabendes und komplettes System zur Hand haben.

In den einzelnen Kapiteln werde ich natürlich Fälle als Beispiele besprechen, aber das Buch ist keine Fallsammlung, sondern ein Kurs, bei dem alles aufeinander aufbaut. Deshalb empfehle ich Ihnen, beim Durcharbeiten nicht zu springen. Beginnen Sie mit Kapitel 1 und arbeiten Sie dann kontinuierlich die folgenden Kapitel durch:

➤ In den Kapiteln 1 bis 3 legen wir das Fundament für unser Verhandlungssystem. Sie lernen die Konzepte dahinter kennen und verstehen.

➤ In Kapitel 4 führen wir die Komponenten zum System zusammen. Das formale System wird Ihnen klar und folgerichtig erscheinen. Und das ist es auch. Sie haben jetzt Ihren funktionierenden Prototypen des Systems. Damit gehen Sie hervorragend ausgerüstet in jede geschäftliche Verhandlung.

➤ In Kapitel 5 werden Sie sich Ihre Verhandlungsstrategie erarbeiten und lernen, wie Ihre Strategie Sie führt und Sie niemals Ihr Ziel aus den Augen verlieren.

➤ In Kapitel 6 werden Sie wichtige Verhandlungstaktiken kennen lernen. Es geht also um spezielle und vor allem konkrete Methoden der Beeinflussung.

➤ Im Abschlusskapitel finden Sie die höchste Verdichtung des Stoffes: „Die 7 goldenen Regeln für Verhandler" als Sofort-Programm für die schnelle Umsetzung.

Ich wünsche Ihnen nun viel Erfolg mit dem neuen Verhandlungssystem. Am besten Sie beginnen sofort damit, mehr Profit zu erzielen.

Böchingen, im Februar 2008 *Gerold Braun*

Inhalt

Einleitung 5

1 Souverän verhandelt besser 11
   Die Emotionen im Spiel 12
   Klar Schiff machen! 17
   Wie sehen wir den „anderen"? 21
   Der eigene Status 24
   Wertschätzen, was man hat und was man ist .. 29
   Sind Sie auch abergläubisch? 32
   Ein gesunder Geist in einem gesunden Körper . 33
   Take away 37

2 Sicher Entscheidungen treffen und die Führung übernehmen 39
   Verschiedene Verhandlungsarten 39
   Was geschieht, sobald einer systematisch verhandelt? .. 43
   Mit was vergleichen Sie? 46
   Andere Werte als Geld 52
   Take away 65

3 Geben und Nehmen 67
   Den Rahmen bestimmen 67
   Commitment 82
   Bedürftigkeit 93
   Take away 97

4 Das Verhandlungssystem 99
   Systematisch verhandeln 99
   Angebote machen 119
   Angebote in verschiedenen Phasen 121
   Take away 125

5 Mit der richtigen Strategie ans Ziel 127
Strategie von Taktik unterscheiden 127
Eine Strategie erarbeiten 129
Spezielle Einkäufer- und Verkäuferstrategien 135
Eine Strategie ist nicht in Stein gemeißelt 139
Scheitern ist eine Alternative 140
Die Verhandlung in der Hand behalten 140
Take away 141

6 Taktik – Den anderen geschickt beeinflussen 143
Seeding 144
Direkte persönliche Bindung 146
Körpersprache wirkt 147
Mach' es dringlich 151
Fordere Investitionen 152
Mach' ein Angebot, das garantiert daneben liegt 153
Die Was-wäre-wenn-Masche 154
Reaktion auf außergewöhnliche Preise testen 154
Gib nicht, ohne gleichzeitig zu fordern 155
Lass' den anderen sein Gewicht wahren 156
Faktor Zeit 157
Take away 159

7 Sofort-Programm:
Die 7 goldenen Regeln für Verhandler 161
Übersicht 162
Die 7 goldenen Regeln einzeln betrachtet 162

Literaturverzeichnis 171

Der Autor 172

1 Souverän verhandelt besser

Wikipedia definiert „Souveränität" als *„Zustand von Eigenständigkeit und Selbstbestimmtheit, im Gegensatz zur Fremdbestimmtheit"*.

Es gibt wenige geschäftliche Situationen, in denen es wichtiger ist, souverän zu handeln, als in Verhandlungen. Und wie die Definition oben sagt, ist Souveränität ein Zustand, genauer: ein mentaler Zustand.

Mentale Zustände kann man in gewissem Maße herbeiführen und kontrollieren. Ob wir uns beispielsweise zu unbedachten Reaktionen hinreißen lassen oder ob wir cool unser Ziel verfolgen – in Geschäftsverhandlungen haben wir es selbst in der Hand.

 Merke! Wir müssen uns im Klaren sein, wie genau Souveränität aussieht und wie wir diesen Zustand in uns selber herbeiführen und festhalten können.

In diesem ersten Kapitel geht es genau darum. Sie lernen die mentalen Grundlagen der Verhandlungsführung kennen. Das hilft Ihnen zu erkennen, wenn andere Sie aus dem Gleichgewicht bringen wollen, und Sie wissen, wie Sie dem entgegentreten. Eine weitere Sache, die Sie im Auge behalten müssen, ist Ihre Stimmung. Sie kann Sie stützen, wenn Sie zuversichtlich in Verhandlungen gehen, sie kann aber auch gegen Sie arbeiten. Weiterhin geht es darum, wie Sie es mit den Werten halten, die Sie vertreten. Stehen Sie zu Ihrem Unternehmen, zu Ihren Produkten und Preisen? Das sollten Sie unbedingt, weil es unverzichtbar ist, um auf Dauer erfolgreich sein. Schließlich geht es darum, wie Sie Ihren Körper einsetzen. Als guter Verhandler kennen Sie alle Ihre Ressourcen und nutzen sie.

Die Emotionen im Spiel

Erfahrene und erfolgreiche Verhandler haben nicht nur ihre eigenen Emotionen gut im Griff, sie wissen auch, wie sie Einfluss auf die ihres Gegenübers nehmen.

Die Palette der Möglichkeiten reicht von kaum merklichen Inszenierungen der Verhandlungs-Atmosphäre bis hin zu schroffen persönlichen Attacken. Wir schauen uns die Manipulationen zunächst genauer an. Am Ende dieses Abschnitts finden Sie eine Tabelle mit einer Übersicht der Manipulationen.

Ob Sie freundlich empfangen und zuvorkommend behandelt werden, oder ob man Sie warten lässt und dann in einen zu kalten oder viel zu warmen Verhandlungsraum bringt – in der Regel geschieht so etwas nicht ohne Absicht. Die Atmosphäre soll Wirkung erzielen.

Wenn man die Manipulation erkennt und über eine einfache Kontrolltechnik verfügt, dann lässt man sich von so etwas allerdings nicht vom Kurs abbringen. Meistens jedenfalls.

Zur Kontrolltechnik, wie Sie also sich und die Situation im Griff behalten, finden Sie später eine einfache Übung.

Die positive Manipulation

Vorher aber noch etwas, das mir über die Jahre, in denen ich Verhandler ausbilde und trainiere, aufgefallen ist. Die meisten, auch bestens ausgebildete Menschen, können viel besser mit negativen Manipulationen umgehen als mit scheinbar positiven. Und ich selbst bin da keine Ausnahme.

Beispiel

> *Ich erinnere mich an eine Verkaufsverhandlung vor einigen Jahren, in deren Verlauf ich windelweich gespült wurde. Die Entwicklung des Kontakts mit dem Entscheider war hervorragend gelaufen. Vom ersten Hintergrundgespräch und den folgenden Spezifikationsrunden mit verschiedenen Mitarbeitern aus seinem Unternehmen und dem, für das ich damals tätig war, bis zur jetzt anstehenden Vertragsverhandlung ging alles reibungslos. Meine gute Stimmung, in der ich ankam, wurde noch gehoben, als mir die Assistentin erzählte, dass ihr Chef ganz angetan sei von der Arbeit mit mir und mich in einem internen Meeting als Vorbild für seine Verkäufer dargestellt habe.*
>
> *So präpariert ging ich in die entscheidende Verhandlung. Wahrscheinlich hätte mein Gegenüber mir das letzte Hemd ausziehen können und ich hätte mich nicht gewehrt. So wichtig war mir die gute Stimmung, so stolz war ich auf den Eindruck, den ich glaubte, gemacht zu haben, dass ich zum ganz schlechten Verkäufer wurde und das Ziel, ein gutes Resultat für mein Unternehmen zu erreichen, aus den Augen verlor.*

Es hat eine Weile gedauert, bis ich dahinter kam, was mir geschehen war. Als ich nach einigen Wochen den Vertrag mit kühlem Verstand noch einmal durchging, konnte ich nur den Kopf darüber schütteln, was ich alles widerstandslos abgenickt hatte.

Gott sei Dank stehe ich damit nicht alleine. Es gibt prominente Opfer dieser Schmeicheltaktik. US-Chef-Diplomat und Meisterverhandler Henry Kissinger erzählt[1], dass Ägyptens Staatschef Anwar as-Sadat sehr gekonnt mit dieser Taktik arbeitete. So versicherte Sadat ihm vor einer Verhandlung, dass er (Kissinger) und seine Landsleute für Umgänglichkeit und Fairness bekannt seien. Sadat brachte seine Verhandlungspartner damit dazu, dass sie während des Treffens ihrem guten Ruf gerecht werden wollten und sich so verhielten, wie er es ihnen zugeschrieben hatte.

---

[1] Cialdini, Robert B., Die Psychologie des Überzeugens, Bern 2004

Das Bild, das mir bei dieser Taktik in den Sinn kommt, ist, den anderen zu entwaffnen: „Sie haben doch nichts dagegen, wenn ich Ihnen die Pfeile aus dem Köcher nehme, nicht wahr?" „Aber nein, überhaupt nicht, tun Sie sich keinen Zwang an." – So, und nachdem das erledigt ist, schreiten wir jetzt zum Duell. Ein bisschen unfair, oder?

Seien Sie also vorsichtig, wenn Sie ein schmeichelhaftes Etikett angeheftet bekommen oder wenn Ihnen ein Gegenüber sympathischer ist, als er es – gemäß der Dauer und Intensität des Kontakts – eigentlich sein sollte. Schauen Sie sofort nach, ob Sie noch alle Pfeile im Köcher haben.

> **Tipp!**
> Erwünschtes Verhalten zu erzeugen, indem man seinem Gegenüber ein passendes Etikett anheftet, könnte zukünftig vielleicht ein Pfeil in Ihrem Köcher sein, oder nicht?

Die negative Manipulation

Die **Manipulation zum Negativen**, die darin besteht, dass Sie sich unwohl fühlen sollen in Ihrer Haut, ist leichter zu durchschauen. Während uns die positive Manipulation in eine passive Haltung führt, wir also das Angenehme geschehen lassen wollen, werden wir durch die negative aktiviert: fliehen oder zurückschlagen.

Wer sich mit Flucht- (muss ich mir das wirklich antun?) oder Angriffsgedanken (so nicht, mein Freund!) herumschlägt, hat wenig oder gar keinen Raum, die eigentliche Sache, den Verhandlungsgegenstand zu überdenken. Und das ist auch das Ziel dieser Manipulation. Sie sollen nicht mehr klar denken können.

Die negative Manipulation kommt in vielen Gestalten daher. Da gibt es die schleichende Vergiftung, mit oft kaum merklichen oder scheinbar unwillentlichen Manipulationen, die alle leicht erniedrigenden Charakter haben, wie zum Beispiel warten lassen, unkon-

zentriert begrüßen, mit Nebensächlichkeiten das Gespräch unterbrechen, selber trinken, dem anderen nichts anbieten usw.
Langsam wird so Druck im Gegenüber aufgebaut. Ziel ist, dass man entweder, nur um hier herauszukommen, schnell klein beigibt oder dass man seinem Ärger Luft macht und unnötig Informationen preisgibt (Pfeile einfach in die Luft schießt, die einem nachher dann fehlen).

Die offensiv-aggressive Manipulation

Eine andere, diesmal offensiv-aggressive Manipulation ist als „Guter-Polizist-böser-Polizist"-Taktik aus vielen Krimis bekannt. In Geschäftsverhandlungen klingt das dann so:

Böser Polizist (wie aus heiterem Himmel): „Ja glauben Sie wirklich, wir holen hier Wasser mit dem Sieb? Ihr" – *verächtliche Pause* – „Angebot" – *vom Tisch wischende Handbewegung* – „ist eine einzige Katastrophe. Lange schau' ich Ihnen nicht mehr zu, dann können Sie Ihre Sachen einpacken!"

Das arme Opfer *schluckt und schaut verblüfft vom einen zum anderen Polizisten.*

Guter Polizist *(wartet auf den Moment der stärksten Wirkung beim Opfer):* „Moment, so schlecht sehe ich das Angebot gar nicht. Sicher, die Lieferzeiten sind so nicht hinnehmbar und der Preis ..." – *effektvolle Pause* – „ich bin überzeugt, das mit den Lieferzeiten ist in unserem Sinne machbar und beim Preis, da ist noch ordentlich Spielraum, Herr X, nicht wahr?"

Das arme Opfer *(ist in seiner Not für die Hilfe dankbar und nickt):* „Natürlich werde ich mein Bestes geben."

Tja, und dann wird ihm von den beiden bei lebendigem Leib das Fell über die Ohren gezogen. Er hat sich in eine Not manövrieren lassen. Eine eingebildete Not, die nur in seinem Kopf entstanden ist.

> **Merke!** Subtile Manipulationen wirken in der Summe und allmählich. Die Wirkung kommt fast unmerklich herbeigeschlichen. Frontale Manipulationen sollen schocken. Die Wirkung – Verwirrung und Kontrollverlust – setzt schlagartig ein.

Manipulation	Tricks
Subtil negativ	• Warten lassen • Häufige Redeunterbrechung • Nebenbei andere Arbeiten erledigen • Namen vergessen • Allgemeine Höflichkeitsregeln scheinbar aus Versehen verletzen
Subtil positiv	• Etikettieren • Loben • Ausgesucht höflich empfangen • Hohe Chargen einbinden (Vorstandsvorsitzender kommt während der Verhandlung vorbei, um den/die Besucher persönlich kennen zu lernen)
Frontalt negativ	• Guter Polizist – Böser Polizist • Schreien, Beschimpfen • Eisige, persönliche Ablehnung
Frontal positiv	Kommt selten vor, weil • stark übertriebene Höflichkeit • außergewöhnliche Herzlichkeit • eher argwöhnisch macht als positiv stimmt

Tabelle 1: Arten der Manipulation

Und wenn jetzt eine Not, wie wir oben gesehen haben, nur als Einbildung im Kopf entsteht, muss es doch auch etwas geben, das man im Kopf dagegen unternehmen kann, oder nicht? Und ja, da gibt es sogar etwas verblüffend Schlichtes, das funktioniert.

Zu Beginn dieses Kapitels habe ich Ihnen eine Kontrolltechnik angekündigt, die Sie in solchen Situationen souverän bleiben lässt. Diese Technik nenne ich:

Klar Schiff machen!

Worum geht es dabei? Wir wollen gute Entscheidungen treffen und uns in unserem Urteil nicht aus der Bahn werfen lassen. Weder durch negative noch durch positive Manipulation.

Um Manipulation zu erkennen und ihr nicht auf den Leim zu gehen, müssen wir jederzeit in der Lage sein, unsere Emotionen zu beherrschen. Und das gelingt am besten, wenn wir mit klarem Verstand die Lage in Augenschein nehmen.

Wie macht man klar Schiff im Kopf? Völlige Gedankenleere, das Nirwana, erreichen nur einige Mönche und Zen-Meister. Das kann nicht unser Ziel sein. Als Verhandler wollen wir aufmerksam registrieren, was der andere uns entgegenbringt, aber wir werden es nicht bewerten – keine ablenkenden Gedanken zulassen.

Mit nicht bewerten meine ich, dass wir keine Stimmen in uns aufkommen lassen, die etwas sagen wie „Wieso spricht der so herablassend mit mir?" oder „Uff, die hab ich auf dem falschen Fuß erwischt, so aggressiv wie die ist." oder „Der frisst mir aus der Hand ..." oder ... Ich denke, Sie wissen, was ich meine, nicht wahr?

Warum ist es für Verhandler so gefährlich, Verhalten zu bewerten? Dafür gibt es zwei Gründe. Erstens: Die Gefahr, falsche Schlüsse zu ziehen, ist sehr, sehr groß. Der zweite Grund ist der, dass wir unseren Verstand vernebeln bzw. dass er uns vernebelt wird.

Mit vernebeltem Verstand konzentrieren wir uns nicht mehr darauf herauszufinden, wie wir die optimalen Bedingungen durchsetzen können, sondern kämpfen mit unseren Gefühlen wie zum Beispiel beleidigt sein, Angst haben, gebauchpinselt sein, böse werden und so weiter. Kurz: Thema verfehlt. Setzen! Sechs.

Was tun wir als Verhandler anstatt zu bewerten? Wir registrieren das Verhalten unseres Gegenübers. Fertig, nichts weiter. Und dann überlegen wir, wie wir darauf reagieren können und wollen, um unsere Ziele zu erreichen.

Hier eine Übung für Sie, um das „Klar Schiff machen" rasch zu lernen.

Übung: Verschärfte Aufmerksamkeit

- Nehmen Sie einen Gegenstand (Kugelschreiber, Schlüssel oder Ähnliches) in Ihre Führhand (Rechtshänder rechts; Linkshänder links).

- Umschließen Sie den Gegenstand mit der Hand – Sie haben ihn in der Faust. Erfühlen Sie mit der Handinnenfläche seine Beschaffenheit, ohne hinzuschauen. Wie ist er beschaffen? Warm – kalt; hart – weich; kantig – stumpf usw. – alles, was Sie fühlen können (keine Wertungen wie z. B. angenehm/ unangenehm).

- Wenn Sie glauben, dass Sie nichts weiter erfühlen können – aber erst dann – nehmen Sie einen Gegenstand in Ihrer Umgebung ins Visier (das kann auch ein Bild an der Wand sein). Behalten Sie dabei den Gegenstand in der geschlossenen Hand.

- Beschreiben Sie stumm, in Gedanken, den Gegenstand (das Bild). Was sehen Sie? Größe, Form, Farben usw. Beschreiben Sie nur das, was Sie mit den Augen sehen. (Auch hier: keine Wertungen wie z. B. schön/hässlich).

- Wenn Sie nichts Neues mehr sehen – aber erst dann – erinnern Sie sich an den Gegenstand in Ihrer Hand. Erfühlen Sie ihn erneut (diesmal geht das viel schneller als beim ersten Mal).

- Kehren Sie jetzt wieder zum Bild zurück. Beschreiben Sie es erneut. STOP!

> **Fortsetzung Übung: Verschärfte Aufmerksamkeit**
>
> ➤ Rekapitulieren Sie, wie es Ihnen bei der Übung ergangen ist. Vielleicht ist es Ihnen schwer gefallen, sich beim ersten Mal auf den Gegenstand in der Hand zu konzentrieren? Vielleicht war der Wechsel vom Fühlen zum Sehen nicht ganz einfach? Vielleicht waren Sie auch verwundert, dass Sie den Gegenstand in der Hand völlig vergessen hatten, nachdem Sie mit dem Seh-Objekt fertig waren?
>
> ➤ Ich weiß es nicht. Aber Sie wissen es. Beim ersten Mal ist es sinnvoll, das aufzuschreiben.

Was lernen Sie mit Hilfe dieser Übung?

Nach wenigen „Trainingseinheiten" haben Sie gelernt zu registrieren, ohne zu bewerten. Das konnten Sie natürlich auch schon vorher. Das ist nichts wirklich Neues. Neu ist: Sie sind sich bewusst, wie es ist, wenn Sie nur registrieren.

Noch besser werden

➤ Als nächsten Schritt variieren wir die obige Basis-Übung. Nehmen Sie z. B. einen anderen Gegenstand in Ihre Hand (jetzt können Sie auch Ihre Nicht-Führhand ausprobieren). Und als Kontrast schalten Sie den Fernseher/das Radio ein und beschreiben sich stumm eine ausgesuchte Stimme (hoch – tief, laut – leise, voll – flach usw. – aber immer ohne Wertung, rein „objektiv").

➤ Sie können auch mit Geruch und Geschmack üben. Aromatischer Tee oder kräftiger Rotwein sind sehr angenehme Übungsobjekte.

➤ Bisher haben Sie diese Übungen ein paar Mal in ruhiger Atmosphäre durchgespielt, ohne große Störungen von außen. Jetzt erschweren wir das Ganze. Sie üben quasi öffentlich.

➤ Nutzen Sie dazu übliche Situationen, wenn es nicht so darauf ankommt, dass Sie voll teilnehmen an dem, was Sie umgibt. Das kann in der morgendlichen U-Bahn-Fahrt zur Arbeit sein, das kann in Ihrem Lieblings-Straßencafe sein usw. (Sie müssen jetzt nicht jede sich bietende Situation zum Üben hernehmen. Tun Sie es eine Woche lang ein oder zwei Mal am Tag). Greifen Sie aus dem Stimmenwirrwarr eine heraus. Bestimmen Sie: männlich – weiblich; hoch – tief; hell – dunkel; beschwichtigend – aggressiv usw. wie gehabt.

➤ Nehmen Sie eine etwas weiter entfernt sitzende Person ins Visier. Bestimmen Sie: Hört seinem Gesprächspartner aufmerksam/abwesend zu; gestikuliert ausladend mit den Armen/nur mit einem Finger; wirkt aggressiv/macht einen gelassenen Eindruck usw.

➤ Ihre jeweilige Beobachtung braucht nicht länger als vielleicht 30 Sekunden zu dauern. Beobachten Sie Auffälligkeiten. Werten Sie nicht, warum er/sie sich wohl so verhält.

➤ Wenn Sie gestört werden (der Kellner kommt): Gut so. Steigen Sie aus Ihrer Beobachtung aus, und gehen Sie auf die Störung ein. Wenn die Störung vorüber ist, steigen Sie da in Ihrer Beobachtung ein, wo Sie ausgestiegen sind.

Noch ein letzter Tipp zur Meisterreife. Machen Sie es so, wie es Top-Sportler machen, wenn sie sich auf den Punkt konzentrieren müssen: Geben Sie sich ein Codewort/eine kurze Codephrase.

Das heißt: Unmittelbar bevor Sie die Übung beginnen (diese Stimme nehme ich; diesen Mann da drüben), sagen Sie sich stumm Ihr Codewort, und dann starten Sie konzentriert Ihre Übung.

Was Sie als Codewort/Codephrase nehmen? Vermeiden Sie sowohl Allerwelts-Wörter (jetzt, konzentrieren) als auch Wörter, die Sie sehr geläufig nutzen. Hören Sie in sich hinein, schauen Sie, was da Interessantes, vielleicht Ungewöhnliches herauskommt. Ohne wichtigen Grund sollten Sie ein einmal gewähltes Codewort nicht auswechseln.

Übrigens: Beim Film heißt das Codewort, wenn es losgeht: „Uuuund Äktschn!"

 Merke! Immer wenn Ihnen ein Gegenüber vertrauter oder sympathischer ist, als es der Situation angemessen wäre, ist die Gefahr groß, dass Sie vom Pfad abkommen und verführt werden. Und immer wenn Sie eine innere Stimme hören, die sagt „bloß weg hier" oder „dem werd ich's aber zeigen", wissen Sie, dass Sie vom Pfad abgekommen sind.

In diesen Zuständen verhandeln Sie nicht mehr professionell mit allem Know-how, das Ihnen zur Verfügung steht. In diesen Situationen sollten Sie erst einmal klar Schiff im Kopf machen, bevor Sie weiter verhandeln.

Und dazu haben Sie jetzt die Kontrolltechnik „Verschärfte Aufmerksamkeit". Sie sagen sich still Ihr Codewort und sezieren die Situation wie ein Gerichtsmediziner eine Leiche: mit ruhiger Hand und sehr sicher.

Wie Sie auf die Situation reagieren werden, das bestimmen Sie und nicht derjenige, der Sie manipulieren wollte. Und auch, was die beste Reaktion ist, das wissen Sie in jeder Situation ganz genau, weil Sie mit einem guten System verhandeln. Sie lernen es mit diesem Buch.

Wie sehen wir den „anderen"

Schon von über 2000 Jahren hat der römische Dichter Plautus erkannt: Der Mensch ist dem Menschen ein Wolf (Homo est homini lupus). Das gilt auch heute noch und ist nicht weiter schlimm, wenn man es immer – gerade in Verhandlungen – im Hinterkopf behält.

Der Wolf ist ein sehr soziales Wesen, das im Rudel lebt. Allerdings, wenn er einen Vorteil für sich sieht, nimmt er ihn. Und hin und wieder kämpft er auch, um sich einen Vorteil zu verschaffen.

So ähnlich wie beim Wolf ist das auch bei uns Menschen, zumindest im Geschäftsleben. Wer für sich und die Seinen (das eigene Unternehmen) das Beste aus Verhandlungen herausholt, der steigt im Ansehen, verbessert seine Karrierechancen und verdient mehr Geld.

Grund genug also, davon auszugehen, dass unser Gegenüber in Verhandlungen alles Erlaubte dafür tun wird, das Beste für sich und sein Unternehmen herauszuholen. Wenn er sich nicht so verhält, dann ist er fehl am Platze und wird von seinem „Rudel" ausgewechselt.

Es ist also nicht ratsam, den anderen, der auf der anderen Seite des Verhandlungstisches sitzt, als Partner anzusehen. Er ist nur soweit Partner, wie es ihm bzw. seinem Rudel nutzt. Das heißt auch, dass er, wenn es nützlich ist, nach uns beißen wird.

Beispiel

Stellen Sie sich vor, Sie vertreten ein kleines mittelständisches Unternehmen, das eine Chemikalie an große Hersteller liefert. Bei Ihrem Kunden A, der fast 30 Prozent Ihres Umsatzes bringt, gab es ein paar Umstrukturierungen und Sie haben es plötzlich mit einem neuen Einkäufer zu tun. Sie haben einen ersten Termin mit ihm vereinbart, bei dem Sie keine spezielle Gesprächsagenda aufgestellt haben: „Ich komme mal vorbei, damit wir uns kennen lernen."

Sie kommen pünktlich an und müssen erst einmal warten. Die Sekretärin hat Ihnen mit ernster Miene gesagt: „Herr X hat heute alle Hände voll zu tun, es wird sich ein bisschen verzögern. Bitte haben Sie einen Moment Geduld."

Ihre Geduld wurde auf die Probe gestellt, aber jetzt ist es endlich soweit. Der Neue begrüßt Sie formell und freundlich (auch wenn er noch einmal auf den Aktendeckel schauen musste, um Ihren Namen parat zu haben). Sie sitzen noch gar nicht richtig, da legt er schon los: „Ich habe einen sehr straffen Zeitplan heute, Herr Y. Wie Sie sicher wissen, stellen wir bei A mit der Umstrukturierung alles Eingefahrene in Frage. Auch die Beziehungen mit unseren

Lieferanten. Ich habe mir Ihre Akte angesehen. Da lag ja der Staub von Jahrzehnten drauf. Das Ganze ist ja wie tot."
Mit solch einem Frontalangriff haben Sie nicht gerechnet. Schließlich sind Sie zum Kaffeetrinken gekommen. „Was jetzt?", schießt es Ihnen durch den Kopf. „So kann es nicht weitergehen.", bellt der Wolf auf der anderen Seite des Schreibtisches. Und weiter: „Überall gibt es neue technische Entwicklungen, Rationalisierungen, scharfen Wettbewerb. Nichts davon zu sehen, dass da was bei Ihnen passiert wäre. Oder dürfen nur wir an Ihren Kosteneinsparungen nicht teilhaben?"

So oder so ähnlich passiert es Verkäufern nicht selten, dass sie in die Defensive gedrängt werden sollen. Wer im anderen nur den Partner gesehen hat, der ist in so einer Situation ziemlich durcheinander und auch hilflos. Meist kommt dann nur eine Lösung in Frage: „Wie viel müssen wir mit dem Preis runter, um den Kunden nicht zu verlieren?" Andere Optionen scheint es nicht zu geben.

Und doch, die gibt es. Wer seine Gefühle im Griff hat, gerät hier nicht in Panik, sondern sieht genau, was vor sich geht. Der andere, der Wolf da drüben, hat genau das getan, was das Rudel von einem guten Wolf erwarten muss.

In so einer Situation geht es darum, dass wir nicht sofort einknicken, sondern „klar Schiff" in unserem Kopf und Herzen machen, um dann herauszufinden, wie viel nur „Drohgebärde" und wie viel echte „Bedrohung" ist. Eines macht ein guter Wolf nämlich nicht: sinnlos kämpfen.

Übersetzt in Geschäftsverhandlungen heißt das: Wenn der Schaden aus einem Wechsel des Lieferanten wahrscheinlich größer ist als der Nutzen, dann wird ein Einkäufer schon aus Eigenschutz den aktuellen Lieferanten nicht dauerhaft und lange bedrängen.

Deshalb stellt der gute Verkäufer in so einer Situation nicht die Frage nach dem gefälligen Preisnachlass, sondern sucht nach den Gründen für die Preisattacke: Gab es Schwierigkeiten mit der Lieferung? Hat etwas nicht gestimmt (Qualität, Menge, Zeitpunkt)?

Vielleicht muss dann an den Lieferverträgen etwas geändert werden, vielleicht der Preis, vielleicht auch nicht.

Ich werde im weiteren Verlauf nicht vom Verhandlungspartner oder ähnlichem sprechen, sondern ihn „den anderen" oder auch das respektierte „Gegenüber" nennen. Eine respektvolle Haltung – nicht ängstlich unterwürfig und nicht überheblich dominant – das ist eine gute Haltung und die beste Voraussetzung, um hervorragende Resultate zu verhandeln.

Der eigene Status

Im vorangegangenen Abschnitt haben wir genau hingeschaut, wie es aussieht, wenn andere uns manipulieren wollen. Und wie steht es mit uns selbst? Können wir selbst uns manipulieren?

Ja, das können wir, man nennt es dann „stimulieren". Und wir tun es ständig, meist unbewusst. Man kann sich selbst neutral, positiv oder negativ stimulieren.

Die „Klar-Schiff"-Übung von oben bringt uns ganz bewusst in einen neutralen Zustand. Und im neutralen Zustand sind wir auf Aufnehmen gepolt, von uns selbst geben wir dabei sehr wenig preis.

Unsere eigenen positiven und negativen Zustände nehmen wir, wenn überhaupt, meist nur halbbewusst wahr. Vielleicht sagen wir zu uns selbst: „Verdammt, heute will aber auch gar nix klappen." Und in positiver Stimmung hören wir uns selbst bei der Arbeit summen. Vielleicht macht uns aber auch ein Kollege oder eine Kollegin auf eine besondere Stimmung aufmerksam.

Andere registrieren stärkere Stimmungsschwankungen, egal ob nach oben oder nach unten, oft schneller und genauer als wir selber. Das gilt in verschärfter Form für solche anderen, mit denen wir verhandeln.

Wer in Verhandlungen geht, ist gut beraten, wenn er es in einem Zustand tut, der seinem Naturell entspricht. Sie haben den besten

Stand, wenn Sie aus Ihrer Mitte heraus in eine Verhandlung gehen. Nicht zu vorsichtig, pessimistisch und auch nicht zu euphorisch, siegesgewiss.

Das sagt sich so leicht dahin, nicht wahr: „Sei nicht so pessimistisch, das wird schon gut gehen." Und warum soll einer, der richtig gut drauf ist, wieder ein Stück herunterkommen?

Zuerst einmal zum **Warum**. Warum sind starke Stimmungsabweichungen vom Naturell in Verhandlungen gefährlich?

Wir haben schon festgestellt, dass wir Stimmungshochs und -tiefs nicht wirklich vor anderen verbergen können. Und erfahrene Verhandler wissen, wie sie sich unsere außergewöhnliche Stimmung zu Nutze machen.

Zwei Beispiele, wie so etwas ablaufen kann.

Beispiel

Verkäufer zum (niedergeschlagenen) Einkäufer: „Unser Angebot ist doch fair, nicht wahr? Und Sie können jetzt noch 15 Angebote einholen und, glauben Sie mir, der Aufwand lohnt absolut nicht. Ich kann mir nicht vorstellen, dass ein besseres als unseres darunter ist. Kommen Sie, geben Sie Ihrem Herzen einen Stoß." – Mit einem Seufzer greift der Einkäufer zum hingereichten Vertrag und unterschreibt. Diese Aufgabe hat er jetzt wenigstens vom Tisch.

Einkäufer zum (euphorischen) Verkäufer: „Was spricht dagegen, dass Sie mir die 500 Stück zum 10 000er Preis geben. Ich hoffe doch, dass wir in Zukunft regelmäßig ordentliche Mengen bei Ihnen kaufen, oder?" – Und schon sagt der Verkäufer „Ja". „Zu was genau eigentlich?" fragt er sich noch schnell und kommt zur Einsicht: „Ach, ist doch egal, sei nicht päpstlicher als der Papst. Und wenn dann zukünftig noch die dicken Aufträge kommen ..."

Sowohl der Niedergeschlagene als auch der Euphorische lassen leichtfertig Geld auf dem Tisch liegen. Ein geschickter Gegenspieler hat ihre Stimmung ausgenutzt.

Und jetzt zum **Wie**. Wie kommen wir aus einer Verstimmung in unsere Mitte zurück? Sie haben sicher schon öfter festgestellt, dass Ermahnungen an einen selbst nicht wirklich rasch helfen. Und auch wenn andere es gut meinen, zum Beispiel mit „Komm' mal wieder auf den Teppich." oder auch in einem Tief mit „So schlimm ist es doch nicht.", es nutzt meist nicht.

Ich werde Ihnen gleich eine Methode zeigen, die Sie schnell und sicher in Ihre Mitte zurückführt, wenn Sie verstimmt sind. Und Sie müssen dabei nicht einmal etwas Neues lernen, Sie können es schon. Sie müssen sich nur vor der Verhandlung in der schwankenden Stimmung kurz daran erinnern und es dann anwenden.

Weil die Methode so einfach und so nahe liegend ist, sehe ich in meinen Seminaren immer wieder Leute, die anfänglich nicht glauben wollen, dass es funktioniert. (Aber nur solange, bis sie bei sich selbst merken, wie es wirkt.) Deshalb will ich hier kurz erklären, wie die Methode entdeckt wurde.

Es ist unbestritten, dass sich Stimmungen in der Körpersprache und der Mimik widerspiegeln. Beim einen mehr, beim anderen weniger. Aber die Spiegelungen sind da und werden als Gesamtbild von guten Bekannten und erfahrenen Beobachtern sicher erkannt.

Ein paar Anzeichen von vielen: Der Niedergeschlagene geht „schwerer", wie mit einer Last beladen. Der Kopf hängt nach vorne, die Schultern nach unten und der Rücken ist gewölbt. Die Miene ist leidend. Der Euphorische tänzelt beim Gehen. Der Kopf wird hoch getragen, die Arme schlenkern stark. Die Augen sind weit geöffnet, das Gesicht glüht.

Nun ist es so, dass Köpersprache und Stimmung keine Einbahnstraßen-Regelung unter sich ausgemacht haben. Anders gesagt: Wenn eine bestimmte Stimmung zu einer ganz bestimmten Köpersprache führt, dann wird die gleiche, diesmal gespielte Körpersprache zu der bestimmten Stimmung führen. Und das ist tatsächlich so.

An dieser Stelle zitiere ich die berühmte Familientherapeutin Virginia Satir[2]. Und zwar mit einer ihrer Anweisungen, wie man in ein bestimmtes, gestörtes Verhaltensmuster gerät:

„Der Beschwichtiger ... Sie werden später merken, dass Ihnen, wenn Sie diese Rolle nur fünf Minuten spielen, übel wird und Sie brechen möchten. ... Sei die klebrigste, leidendste, Füße küssende Person, die du nur sein kannst. Stell dir deinen Körper mit einem Bein kniend vor, ein bisschen wackelnd, eine Hand bittend ausgestreckt, und pass auf, dass dein Kopf stark nach oben gerichtet ist, so dass dein Nacken schmerzt, deine Augen überanstrengt werden und du in kürzester Zeit Kopfschmerzen bekommst.

Wenn du in dieser Position sprichst, wird deine Stimme winselnd und piepsend sein, denn du hältst deinen Körper so geduckt, dass du nicht genügend Luft für eine reiche, volle Stimme hast."

 Merke! Wir können durch Haltung und Körpersprache innere Zustände und Stimmungen herbeiführen. Selbstverständlich nicht nur schlechte, gestörte, sondern auch gute, gesunde.

Und Sie ahnen jetzt sicher schon, dass genau das unsere einfache Methode ist: Durch bewusste Köpersprache aus der Verstimmung herauskommen und in die eigene Mitte hineingleiten.

Bevor ich Ihnen jetzt beschreibe, wie Sie das am besten einüben, noch ein wichtiger Hinweis: Ich rede hier von Verstimmungen, wie wir sie alle hin und wieder haben. Depression und Trauer sind nicht mit inbegriffen, die brauchen professionelle psychologische Hilfe.

Wie führen Sie sich nun selbst in Ihre Mitte zurück, wenn Sie mal herausgerutscht sind? Als erstes müssen Sie sich Ihr Köpergefühl bewusst machen, wie es ist, wenn Sie in Ihrer Mitte sind. Das heißt: Wie fühlt es sich an, wenn Sie sich gut und sicher, souverän fühlen?

---

[2] Gordon, D., Therapeutische Metaphern, Paderborn 1986

Gehen Sie in Gedanken in eine solche Situation, die Sie in den letzten Tagen erlebt haben. Das kann eine ganz einfache Situation gewesen sein, wie zum Beispiel ein Gespräch mit einem Freund, ein Spaziergang, irgendwas. Suchen Sie ruhig ein bisschen. Wichtig ist, dass Sie wissen: Ich habe mich in dieser Situation gut und sicher gefühlt.

Lassen Sie die Situation vor Ihrem inneren Auge Revue passieren. Achten Sie dabei auf sich. Haben Sie gestanden oder gesessen? Hielten Sie etwas in den Händen? Welche Bewegungen mit den Armen und Händen haben Sie gemacht? Können Sie nachempfinden oder gar hören, wie Ihre Stimme geklungen hat? Wenn Sie gelaufen sind, wie sind Sie gelaufen?

Achten Sie auf die Einzelheiten, die Ihnen auffallen wollen. Und wenn Sie ein paar Einzelheiten haben (z. B. Ihren Gang, Ihre Oberkörperhaltung und die Stimmlage), dann prüfen Sie die Sache, indem Sie sie jetzt nachstellen.

Wie fühlt es sich jetzt an, wenn Sie die Haltung einnehmen. Lassen Sie es ganz entspannt 10 bis 20 Sekunden auf sich wirken. Fühlen Sie sich gut und sicher?

Sobald Sie die richtige Körpersprache sprechen, beginnen Sie schon, sich gut und sicher zu fühlen. Und je mehr Details Sie einfügen, desto rascher und besser gelingt es. Bewegen Sie sich in Ihrer Mitte und spüren Sie, wie sich Souveränität ganz sicher von selbst einstellt.

Es ist Ihre eigene Köpersprache, nichts Aufgesetztes oder Antrainiertes. Sie selbst sind es. Sie sind sich dessen jetzt nur bewusster geworden. Ab jetzt gehen Sie immer aus Ihrer Mitte, souverän in Verhandlungen.

> **Tipp!**
> Üben Sie, indem Sie die Körpersprache Ihrer Mitte in den nächsten Tagen öfter einmal bewusst sprechen.

Wertschätzen, was man hat und was man ist

Im Vergleich mit der Konkurrenz sind wir viel zu teuer, nicht modern genug, zu unflexibel, zu ... So klingt es, wenn Verkäufer nicht hinter ihrem Angebot stehen.

Und der Einkäufer, der denkt, dass die Produktion immer diese Sonderwünsche hat, dass die Konkurrenz wirklich Geld anfasst, um erstklassige Produkte zu ergattern, dass man ihm nie genügend Spielraum lässt, dass ... steht auch nicht zu seiner Aufgabe.

Seien Sie versichert, dass Ihr Gegenüber das bemerkt und nutzt. Er wird versuchen, die Kluft zwischen Ihnen und Ihrem Unternehmen, das Sie ja so alleine im Regen stehen lässt, zu vergrößern. Und wenn Sie nicht aufpassen, dann fühlen Sie sich ihm mehr verpflichtet als Ihrem eigenen Unternehmen. Zumindest kurzzeitig, was meist für ein schlechtes Verhandlungsergebnis reicht.

Beispiel

Einkäufer zum (schwankenden) Verkäufer: „Ich weiß nicht, wie ich das sagen soll. Ihr Produkt ist so weit o. k." – Lange Pause – „Nur, wenn ich die Produkte Ihrer Konkurrenten gedanklich daneben stelle, dann fehlt ihm irgendwas. Es wirkt irgendwie alt, oder irre ich mich da?"

Der Verkäufer, der selber der Meinung ist, dass die Konkurrenz die moderneren Produkte hat, eiert herum, weil er sich keine Argumente zurechtgelegt hat. Und was macht er? Er gleicht das scheinbare Manko mit einem dicken Preisnachlass aus: „Ich mache Ihnen für unser bewährtes Produkt einen sehr guten Preis."

Was kann man tun, um die eigenen Werte nicht zu verleugnen, sondern anzuerkennen? Wenn Sie merken, dass Sie „nie" und „immer" in negativen Selbstaussagen benutzen, wie zum Beispiel „die Konkurrenz ist immer günstiger als wir" oder „ich habe nie genug Zeit, um Angebote wirklich zu prüfen", müssen Sie einmal innehalten.

Schauen Sie sich Ihre Aussagen genau an. Stimmt es wirklich, haben Sie nie genug Zeit? Wenn nein, hören Sie damit auf, sich mit negativen Aussagen selbst nach unten zu ziehen. Wenn ja, hören Sie auf zu jammern und suchen Sie nach einer Lösung.

Und ist die Konkurrenz wirklich immer günstiger? Auch dann, wenn Sie Qualität, Lieferkonditionen, Service usw. mit in Betracht ziehen? Wahrscheinlich nicht. Denken Sie über Ihre Nutzenargumentation nach. Wie können Sie dem nächsten Interessenten Ihr Produkt so richtig schmackhaft machen?

Wenn es bei Ihnen im Unternehmen bereits Jammerzirkel gibt, halten Sie sich fern. Gehen Sie nicht in das Büro von Kollege X, wo die Kollegen Y und Z herumstehen und zynische Witze über die eigene Führung machen. Das raubt Ihnen wirklich die Motivation.

Ganz erstaunlich finde ich, dass Führungskräfte nicht selten bei solchen Jammerzirkeln wegschauen, anstatt etwas dagegen zu unternehmen. Damit lassen sie zu, dass ihre Mitarbeiter sich gegenseitig in den Keller ziehen und die Team-Performance gleich mit. Dabei gilt in diesen Fällen analog: Ein fauler Apfel in der Kiste verdirbt ganz schnell die ganze Charge.

Führungskräfte, die eine Top-Performance ihres Teams wollen, helfen ihren Leuten, Spitzenleistung zu erbringen. Dazu genügt es nicht, einmal im Jahr ein Mitarbeitergespräch zu führen und genauso oft ein Motivationsevent (was sind wir toll) durchzuziehen.

Die gute Führungskraft schafft eine Atmosphäre des Respekts. In einem Team, das wirklich Spitzenleistung bringt, wird nicht hintenherum getuschelt. Wenn etwas nicht in Ordnung ist, was immer mal passieren kann, wird das offen angesprochen und gemeinsam gelöst. Neben der Atmosphäre des gegenseitigen Respekts gibt es noch ein weiteres wichtiges Merkmal eines Spitzenteams: Alle sind hoch motiviert bei der Arbeit.

Stellen wir kurz Überlegungen an, was wirkliche Motivation ist. Besondere Belohnungen für gute Leistung, dazu zählt natürlich auch Selbstbelohnung, haben ihren Sinn. Sie sind Anerkennung und auch Ansporn, eine gute Leistung zu wiederholen, bzw. zeigen anderen, dass sich Leistung lohnt.

Solche besonderen Belohnungen haben eine gewisse, nicht allzu lange Halbwertszeit. Dann verlieren sie rasch an Wirkung. Kommen sie jedoch zu oft, verlieren sie das Besondere und damit auch einen guten Teil ihres Leistungsanreizes. Sie taugen also nicht als Motivation fürs tägliche Geschäft.

Das, was uns Tag für Tag aufs Neue motiviert, unser Bestes zu geben, das ist Erfolg in unserer Arbeit. Wenn wir immer wieder vor Herausforderungen stehen und diese erfolgreich meistern, dann sind wir voll bei der Sache, motiviert.

Ein gute Führungskraft sorgt also dafür, dass die Mitarbeiter a) gefordert werden und b) dabei erfolgreich sein können. Und wenn Sie Ihr eigener Chef sind, dann müssen Sie sich selbst eine gute Führungskraft sein.

 Merke! Erfolgreich Herausforderungen meistern zu können, das motiviert die meisten Menschen am stärksten.

Fordern und zum Erfolg befähigen, wie kann man das erreichen? Wo richtig gearbeitet wird, da tauchen auch Probleme auf. Ermutigen Sie Ihre Leute, diese Probleme offen anzusprechen und Lösungen als Team zu suchen. Schaffen Sie den Rahmen (regelmäßige Meetings zu diesem Zweck) und übernehmen Sie als Führungskraft die Moderation. Geben Sie Ihren Mitarbeitern darüber hinaus Gelegenheit, sich weiterzubilden. Und ganz wichtig, vergessen Sie sich selbst dabei nicht.

Hier ein paar Vorschläge: Buchen Sie ein Gekonnt-Verhandeln-Seminar für Ihr Team oder für einen Einzelnen, der anschließend sein neues Wissen ins Team einbringt. Holen Sie einen Verhandeln-Coach oder Berater zu Team-Meetings dazu und lassen Sie sich zeigen, wo weitere Entwicklungsmöglichkeiten bestehen.

Sind Sie auch abergläubisch?

Es gibt noch einen wunden Punkt, den ich immer wieder sehe, wenn ich Verhandler coache oder trainiere. Es klingt seltsam, aber es ist so etwas wie Aberglaube.

Hier einige Beispiele dafür, was ich meine:

➤ Montags gehen meine Verhandlungen immer schief.

➤ Wenn ich einem Mann gegenüber sitze, der ein Hemd mit Tab-Kragen trägt, brauche ich es erst gar nicht zu versuchen, das geht immer schief.

➤ Wenn auf der Gegenseite zwei Leute sitzen, dann geht es schief (jede andere Anzahl ist in Ordnung).

Was ist da passiert? Da hat jemand ein paar Mal die scheinbar gleiche schlechte Erfahrung gemacht und fängt an, daran zu glauben, dass das bei ihm immer so ist, als sei es eine unumstößliche Wahrheit.

Nehmen wir das Beispiel mit dem Tab-Kragen-Träger. (Das kann auch ein Mann mit buschigen Augenbrauen sein oder eine Frau im Nadelstreifen-Kostüm.) Es kann sein, dass man zwei- oder dreimal kurz hintereinander an verschiedene Leute gerät, die solch einen Kragen bevorzugen, und schlechte Ergebnisse erzielt.

Nun sucht man immer nach Gründen – und das ist auch sinnvoll und gut –, warum man nicht zum Zuge gekommen ist. Man vergleicht Situationen und Reaktionen und da, auf einmal fällt es einem wie Schuppen von den Augen: Die Typen tragen alle das gleiche modische Accessoire, den Tab-Kragen. Das ist es.

Und schon bei der nächsten Verhandlung schaut man unwillkürlich nach dem Kragen des Gegenübers (jahrelang war der Kragen des Gegenübers ziemlich uninteressant). Glück gehabt, der hat keinen. Jetzt können wir anfangen.

Aber wehe, er hat einen Tab-Kragen. Dann geht es los im Kopf: Das wird nix, ich kann eigentlich gleich einpacken und gehen. Es beginnt eine Spirale nach unten. Das Ganze wird zu einer selbsterfüllenden

Prophezeiung. Wir erwarten ja geradezu das Scheitern und reden es innerlich herbei. Und was innen ist, das wissen wir bereits, wird außen sichtbar. Unser Gegenüber merkt, dass wir nicht an unseren Erfolg glauben, und wird das für sich nutzen. Am Ende geht es tatsächlich schlecht für uns aus, was unseren Aberglauben nur nährt. Jetzt sitzt es noch fester.

Wie geht man dagegen vor, sodass man sich von einem falschen Glauben befreit? Es wäre falsch, wenn man versuchte, so einen Glauben, hat er sich erstmal richtig festgesetzt, einfach wegzuwischen oder zu ignorieren. Der lauert im Hinterstübchen und kommt garantiert im falschen Augenblick nach vorne ins Bewusstsein.

Besser ist es, den (Aber-)Glauben herauszufordern. Und weil er festsitzt, müssen wir ihn wieder in Bewegung bringen. Bisher haben wir vielleicht so etwas zu uns selber gesagt: „Uff, er hat einen Tab-Kragen. Da kann ich gleich einpacken." Das Ergebnis steht also fest: Ich habe keine Chance.

Zukünftig gehen wir mit Zuversicht an die Sache: „Ahh, er hat einen Tab-Kragen. Das war bisher immer kritisch. Und jetzt bin ich gespannt, wie gut ich mich schlage." Merken Sie den Unterschied? Hier ist wieder Bewegung drin, das Ergebnis ist offen.

Und damit Sie Ihr Bestes geben können, machen Sie rasch „klar Schiff", so wie Sie es oben gelernt haben.

Ein gesunder Geist in einem gesunden Körper

Nehmen wir einmal an, einer Ihrer Lieferanten möchte Preiserhöhungen durchsetzen. In einer ersten Verhandlung haben Sie abgelehnt, weil Sie im Gegenzug keine Vorteile für Ihr Unternehmen sehen. Auch sind die Rohstoffpreise nicht gestiegen und bei der Konkurrenz Ihres Lieferanten (das haben Sie selbstverständlich recherchiert) bleiben die Preise stabil.

„Was soll das?", haben Sie den Verkäufer deshalb gefragt und weiter: „Ihr Unternehmen steckt doch nicht etwa in Schwierigkeiten, oder?" „Nein, im Gegenteil", lächelt der souverän. „Wir expandieren und haben enorm in neue Produktionstechnik investiert. Spätestens in einem Jahr beglückwünschen Sie sich, dass Sie uns als Lieferanten behalten haben." Um den Beweis anzutreten, lädt Sie der Verkäufer zu einer Besichtigung der neuen Fabrik ein.

Sie werden abends, am Tag vor der Besichtigung, im Hotel, am Bahnhof oder am Flughafen von einem jungen, netten Vertriebsassistenten empfangen. Obwohl Sie eigentlich müde sind und lieber entspannen würden, können Sie ihm das kleine Abendprogramm nicht abschlagen, das er extra für Sie arrangiert hat. (Wenn mein Boss erfährt, dass ich Sie nicht wie einen König empfangen habe, dann Gute Nacht!)

An diesem Abend – trotz seiner Jugend versteht der Vertriebler sein Handwerk – essen Sie zu viel und zu fett, Sie trinken etwas mehr, als Ihnen gut tut, und Sie kommen viel später ins Bett als üblich. Am nächsten Tag fordert Ihr Körper sein Recht ein. Sie sind müde und froh, wenn Sie ohne große Anstrengung durch die Gespräche gleiten dürfen. Das, was Sie scharf hinterfragen wollten, darf jetzt in der Ferne verflimmern. Zwischendurch fragen Sie sich höchstens einmal kurz, warum der junge Vertriebsassistent nicht zu sehen ist. Und Sie kommen drauf, dass er nach der anstrengenden Nachtschicht mit Ihnen wahrscheinlich frei hat.

Umgekehrt, mit vertauschten Täter- und Opferrollen, geht das natürlich genauso.

Beispiel

Ich hatte einmal einen Einkäufer-Kollegen, der wichtige Verhandlungen immer auf die Mittagszeit terminierte. Er steuerte die Verhandlung so, dass vor dem Mittagessen keine bedeutenden Entscheidungen getroffen wurden. Dann, im richtigen Moment, unterbrach er die Verhandlung und lud sein Gegenüber zum Mittagessen ein. Das fiel üppig aus, mit allem Drum und Dran (und noch einen Grappa hinterher, das tut dem Magen gut). Und nach dem Mittagessen, sobald der Köper des Verkäufers voll mit Verdauen beschäftigt war, ging es Schlag auf Schlag mit den wichtigen Punk-

ten weiter. Nun muss ich dazu sagen, dass mein Kollege ein Hüne war und ihm in unserem Unternehmen keiner gewachsen war, was Essen und Trinken anging. Meistens konnten die Verkäufer ihm nach dem Mittagessen auch keine Gegenwehr mehr leisten.

Was nehmen wir mit aus diesen Beispielen? Achten Sie darauf, dass Sie vor und während wichtiger Verhandlungen Ihrem Körper nicht zu viel zumuten. Gehen Sie ausgeruht und entspannt in Verhandlungen, nur so können Sie immer Herr der Lage sein.

Es gibt Branchen oder auch Firmenkulturen, da gehört Prassen zum normalen Geschäftsgebaren. Was tun, wenn man nicht umhin kann, mit zu feiern? Mein Rat: Nehmen Sie einen trinkfesten Kollegen mit. Wenn Sie keinen Kollegen finden, der mitgeht, dann suchen Sie jemanden, den Sie dafür bezahlen, dass er mitgeht und das Trinken übernimmt. Sie feiern auch richtig mit – und trinken Mineralwasser.

Bisher habe ich darüber gesprochen, wie man es vermeidet, seinem Körper zu viel zuzumuten. Machen wir noch einen kleinen Abstecher zu dem, was man Vorbeugen nennt.

Verhandeln ist im wesentlichen Denken. Und Denken ist harte Arbeit. Wussten Sie, dass unser Gehirn nur rund 2 Prozent unserer Körpermasse ausmacht, aber 20 bis 25 Prozent unserer zugeführten Energie braucht? Wir müssen dafür sorgen, dass auch bei langen und schwierigen Verhandlungen unserem Gehirn nicht die Kraft ausgeht. In Verhandlungspausen sollte man deshalb nicht rauchen und auch nicht hektisch mit dem Handy telefonieren, sondern den Körper, besonders das Hirn, regenerieren. Am besten ist da Bewegung und am allerbesten an der frischen Luft.

Eine gewisse körperliche Grundfitness ist auch hilfreich, besonders wenn das Verhandeln schwierig wird und/oder länger dauert. Mit Fitness meine ich nicht Bodybuilding, sondern eine Körperbeherrschung, die es uns ermöglicht, schmerz- und ermüdungsfrei lange zu sitzen (Verhandlungen finden meistens im Sitzen statt) und bewusst Spannung und Entspannung zu regeln, um Verspannungen zu verhindern.

Es ist nicht verkehrt, einen Yoga-Kurs oder auch ein Seminar über Progressive Muskelentspannung (PMR) zu besuchen. Nicht umsonst bieten moderne Krankenkassen ihren Mitgliedern solche Kurse als Präventivmaßnahmen kostenlos oder doch gut gesponsert an.

Im letzten Punkt, den ich hier ansprechen will, geht es um unsere Ernährung. Wie wichtig gutes, frisches Obst ist und wie schädlich fettes, schnell gemachtes Telleressen, gerade wenn man unter Volldampf arbeitet, habe ich in einem ganz anderen Zusammenhang kennen und schätzen gelernt.

Vor vielen Jahren nahm ich an einem kleinen Messe-Training teil, das seinerzeit eine Messe erfahrene Kollegin aus dem Verkauf leitete. Es waren nur ein paar Stunden Training, schnell auf die Beine gestellt, geradezu improvisiert und trotzdem richtig wertvoll.

Zwei Sätze, für die ich der Kollegin sehr, sehr dankbar war, habe ich seither nicht vergessen: „Nehmen Sie mindestens zwei Paar eingelaufene Schuhe mit. Und greifen Sie oft zu dem frischen Obst, das immer für Sie bereitsteht." Spätestens am dritten Messetag wusste ich, was die Kollegin für mich getan hatte.

Für Verhandlungen reicht wahrscheinlich ein Paar Schuhe. Aber der Tipp mit dem Obst gilt auch hier, denn frische Früchte halten in Verhandlungen geistig und körperlich frisch. Essen Sie sich bei Verhandlungen nicht satt, wenn zwischendurch gegessen wird. So wie ein Jagdhund besser arbeitet, wenn er leichten Hunger hat (wenn er satt ist, hat er es nicht nötig, Beute zu machen), so sind auch bei uns Menschen die Sinne schärfer eingestellt, wenn wir noch nicht satt sind.

Take away

➤ Sie lassen sich nicht fremdbestimmen, weil Sie Manipulationsversuche erkennen und mit der Kontrolltechnik „Klar Schiff" unschädlich machen.

➤ Sie wissen, dass Sie sich selbst ein Bein stellen können, wenn Sie mit zu negativer oder zu euphorischer Einstellung in Verhandlungen gehen. Hier haben Sie eine einfache Methode, um jederzeit sehr sicher aus Ihrer Mitte heraus zu agieren.

➤ Sie wissen, was Sie wert sind und was Sie können. Wenn es nicht so läuft, wie es soll (was immer einmal vorkommen kann), dann jammern Sie nicht, sondern unternehmen etwas. Sie sind immer willens und fähig, Ihre beste Leistung zu bringen.

➤ Ihre Gesundheit ist Ihr wichtigstes Gut. Sie wissen, was Ihr Köper braucht, damit Sie dauerhaft Spitzenleistung als Verhandler bringen können. Und Sie geben es ihm.

2 Sicher Entscheidungen treffen und die Führung übernehmen

In diesem Kapitel erfahren Sie, welche Arten von Verhandlungen es gibt und worin sich die Geschäftsverhandlung von anderen Verhandlungen unterscheidet. Sie lernen, wie Sie Ihr Gegenüber in der Verhandlung führen, indem Sie sich das Prinzip des Abwägens bei Entscheidungen zu Nutze machen. Sie wissen nach der Lektüre, welchen Wert ein Geschäft für Ihr Gegenüber hat und wie Sie mit diesem Wissen die Führung übernehmen und behalten.

Verschiedene Verhandlungsarten

Es gibt verschiedene Arten von Verhandlungen. Manches, was Verhandlung genannt wird, ist gar keine (ich denke zum Beispiel an Schau-Prozesse in Diktaturen), und manches, was auf den ersten Blick gar nicht danach aussieht, ist eine Verhandlung.

Nehmen wir nur einmal meinen Hund. Wenn er meint, dass es Zeit für seinen Spaziergang ist, wird er unruhig. Das fängt langsam an mit forderndem „Sitz" neben mir an meinem Schreibtisch und gelegentlichen, sanften Schubsern mit der Schnauze. Je länger ich nicht auf seine Forderung eingehe, was hin und wieder vorkommt, weil ich ja so unheimlich stark beschäftigt bin, desto heftiger wird seine Unruhe. Das steigert sich von Rumhüpfen vor mir, über an der Tür Kratzen bis hin zum kräftigen Bellen. In gewissen Kreisen wird das, was mein Hund macht, die „Daumenschrauben anziehen" genannt. Nun, ich habe natürlich auch meine Mittel und Methoden, um meine Position – am Schreibtisch weiter zu arbeiten – zu verteidigen. Ich kann zum Beispiel ein „Hör auf" hinwerfen, was mir in der Regel eine halbe Minute Ruhe und ein kurzfristiges Verzögern der nächsthöheren Stufe verschafft. Und ich kann ihm immer noch einen Kompromiss anbieten: „Okay, wir machen jetzt sofort einen

Spaziergang. Aber es wird nur eine kleine Runde. Dafür machen wir heute Abend einen richtig langen Spaziergang." Was soll ich sagen, mein Hund kennt mich, er vertraut mir und geht anstandslos auf mein Kompromissangebot ein. Tja, und wenn das keine Verhandlungen sind ...

Kommen wir zu den Verhandlungsarten. Zuerst schauen wir die Sache im Detail an, am Ende des Abschnitts finden Sie eine tabellarische Übersicht.

Es gibt verschiedene Wege, Verhandlungen einzuordnen. Man kann Verhandlungen zum Beispiel danach unterscheiden, wer die Verhandler sind oder auch welche Regeln gelten und welche nicht. Wir werden unsere Art der Verhandlung, die Geschäftsverhandlung in Ein- und Verkauf von allen anderen gleich durch eine ganz bestimmte Regel abgrenzen. Zuvor schauen wir kurz auf einige andere Verhandlungsarten.

Beispiele

Es gibt Verhandlungen zwischen Staaten, Diplomatie genannt. Das unseligste Ergebnis einer solchen Verhandlung kann ein Krieg sein. Krieg ist laut Clausewitz[3] ja die Fortsetzung der Politik mit anderen Mitteln. Gewalt ist für uns in der Geschäftsverhandlung aber kein Mittel zum Zweck.

Eine andere Konstellation, bei der entscheidend ist, wer die Verhandler sind, sind quasi öffentliche Verhandlungen gesellschaftlicher Gruppen. Bestes Beispiel: Tarifverhandlungen zwischen Gewerkschaften und Arbeitgeberverbänden. Nicht selten werden solche Verhandlungen nur scheinbar am Tisch, zwischen den unmittelbaren Verhandlern, entschieden. In Wahrheit können diese vielleicht nur noch abnicken, was bereits durch mehr oder weniger geschickte Öffentlichkeitsarbeit vorgegeben ist.

Ein zentraler Punkt bei solchen Verhandlungen, eine Regel, wird hier wichtig: Die Verhandlungen müssen – egal, wie lange es dau-

---
[3] Clausewitz, Carl von, Vom Kriege, Reinbek 1963

ert – zu einem Ergebnis kommen. Diese Art von Verhandlungen steuern von Anfang an auf einen Kompromiss zu.

Noch eine dritte Art von Verhandlungen, die durch die Verhandler an sich bestimmt wird: Verhandlungen zwischen Menschen, die enge Bindungen haben, zum Beispiel zwischen Ehepartnern oder zwischen Eltern und Kindern. Hier darf man nicht vom „anderen" sprechen, wie ich es im ersten Kapitel definiert habe, sondern man hat es wirklich mit Partnern zu tun. Bei dieser Art von Verhandlungen gehört es dazu, dass man hin und wieder in schweres Fahrwasser gerät. Das ist Teil des Reifeprozesses eines jeden Menschen. Ein hoffentlich erfülltes Leben lang.

Betrachten wir noch einige Regeln verschiedener Verhandlungstypen. Eine haben wir schon gesehen. Die Tarifverhandlung, die nicht ohne Ergebnis enden darf. Die Regel heißt: Es muss eine Einigung geben, vorher dürft ihr nicht aufhören. Ähnliches gilt übrigens auch für Verhandlungen zwischen Eltern und einem minderjährigen Kind. Sie sind aneinander gebunden und müssen auf Gedeih und Verderb einen Kompromiss finden. Eine andere Regel gilt bei Gerichtsverhandlungen: Nicht die Verhandler entscheiden, sondern ein unbeteiligter Dritter (oder eine ganze Gruppe) steuert die stark reglementierte Verhandlung und fällt abschließend ein Urteil.

Was ist jetzt das zentrale Element, das eine Geschäftsverhandlung in Ein- und Verkauf von den zuvor beschriebenen Verhandlungen unterscheidet? Es ist folgende Regel:

Jede der beteiligten Parteien kann die Verhandlung jederzeit beenden und gehen.

Verhandlungsart	Besondere Regel
Verhandlungen zwischen Staaten	Gewalt ist ein Druckmittel.
Verhandlungen zwischen gesellschaftlichen Gruppen	Kompromiss ist Pflicht.
Gerichtsverhandlungen	Die Parteien sind dem Urteil eines unbeteiligten Dritten unterworfen.
Familiäre Verhandlungen	Die Beziehungen untereinander beeinflussen die Verhandlungen stärker als bei jeder anderen Art von Verhandlung.
Geschäftliche Verhandlungen	Jede der beteiligten Parteien kann die Verhandlung jederzeit beenden und gehen.

Tabelle 2: Verhandlungsarten

Schauen wir genauer hin, was die besondere Regel für geschäftliche Verhandlungen für uns bedeutet. Niemand kann uns zwingen, in eine Verhandlung einzusteigen. Wir gehen freiwillig in Verhandlungen. Das hat Vor- und Nachteile:

➤ Der große Vorteil: Wir sind sehr frei in unseren Entscheidungen.

➤ Ein Nachteil: Wir können nicht das Schicksal oder höhere Gewalt für das Ergebnis verantwortlich machen.

➤ Die Konsequenz: Wir sind für alles, was in einer Verhandlung passiert und auch was nicht passiert, verantwortlich.

Wir tragen also die Verantwortung für den Ausgang der Verhandlung, was nicht jedermanns Sache ist. Aber Sie haben zu diesem Buch hier gegriffen, und das heißt: Sie wollen die Verantwortung übernehmen oder haben sie gar bereits.

Was Sie jetzt brauchen, sind Werkzeuge und Methoden, die Ihnen ermöglichen, in Verhandlungen immer klare und gute Entscheidungen zu treffen. Verhandeln ist im Grunde nichts anderes, als fortwährend Entscheidungen zu treffen. Um entscheiden zu können, braucht man natürlich Informationen. Das heißt, man muss Fragen stellen und Antworten einfordern. Und man muss mit Fragen der anderen Partei umgehen.

Es ist erstaunlich, aber ich sehe immer wieder, dass Leute, mit den wichtigsten Verhandlungen betraut, keinen Zugriff auf Methoden und Werkzeuge haben, kein System haben, mit dem sie klare und gute Entscheidungen sicher treffen. Wenn ich Verhandlungsführer frage: „Nach welchem System gehen Sie vor?", bekomme ich als Antwort oft eine Gegenfrage: „System?" Diese Art der Unsicherheit ist üblich und weit verbreitet. Und es spielt kaum eine Rolle, ob man da die Einkäufer- oder Verkäuferseite betrachtet.

Untersuchungen und Studien bestätigen dies. So schreibt das Wirtschaftsmagazin CAPITAL in Nr. 24/2004 (S. 66 ff.):

„Gute Verhandler bringen Gewinn, schlechte verursachen hohe Kosten. Rund 2,5 Milliarden Euro pro Jahr verlieren deutsche Unternehmen, weil ihre Mitarbeiter in Verhandlungen zu schnell klein beigeben oder sich gar vor ihnen drücken, schätzen die Experten der Internationalen Arbeitsorganisation IAO. Unternehmenslenker wissen um den hohen Stellenwert der Verhandlungskompetenz ihrer Mitarbeiter."

Was geschieht, sobald einer systematisch verhandelt?

Wer **mit einem guten Verhandlungssystem** antritt, der ist den Amateuren dramatisch überlegen, und die Professionellen haben den nötigen Respekt. Unfaire Manipulation wird rechtzeitig erkannt und unschädlich gemacht. Mit einem guten Verhandlungssystem **nehmen Sie Verhandlungen in die Hand**. Sie steuern und kontrollieren den Verhandlungsprozess – das, was vor sich geht. Sie wissen genau, wo Sie in der Verhandlung stehen und was Ihr nächster Schritt ist.

Wir werden uns im Folgenden ein wirksames Verhandlungssystem erarbeiten, mit dem Sie sicher und regelmäßig beste Resultate erzielen. Bevor wir uns an die einzelnen Systemkomponenten machen und in Kapitel 4 dann alles beisammen haben, um das System formal zu fassen, will ich hier an einem Beispiel kurz zeigen, wie es nachher funktioniert.

Beispiel

Wenn ein Verkäufer mit einem neuen Interessenten spricht, dann ist das schon die erste Verhandlung. Er muss herausfinden, ob der Interessent als Kunde qualifiziert ist. Nicht wenige Verkäufer scheuen diese frühe Qualifizierung, weil sie fürchten, den Interessenten zu erschrecken, wenn sie ihn beispielsweise fragen, ob er sich das Produkt leisten kann. Die Folge davon: Verkäufer investieren enorm in einen Interessenten (Informationen zusammentragen, Angebote schreiben, Besuche machen), nur um irgendwann festzustellen, dass der Interessent sich zum Beispiel das Produkt gar nicht leisten kann, oder nur eine uninteressante Menge kaufen will, oder gar nicht der Entscheider ist oder ...

Das erste, was wir uns klarmachen müssen, ist: Ein „Nein" vom anderen ist eine erlaubte und gute Antwort. Wer kein Nein hören will, wird auch nicht oft Ja hören. Denken Sie einmal darüber nach. Daraus folgt der erste Schritt in unserem System: Wir müssen irgendwann ein Angebot machen, das unser Gegenüber annehmen oder ablehnen kann. Das heißt konkret: Eine geschlossene Frage stellen – es ist nur Ja oder Nein als Antwort möglich. Beispiel: „Was meinen Sie, können Sie mit unserem Produkt Ihr Problem lösen?"

Wenn jetzt ein Ja vom Gegenüber kommt, stellen wir ihm sofort eine Qualifizierungsfrage, eine Hürde, über die er muss. Beispiel für die Hürde Preis: „Ein Produkt dieser Kategorie kostet um die xx Euro. Wie passt das zu Ihrem Budget?" Hat er das Budget, geht es weiter mit dem nächsten Verhandlungspunkt. Hat er das Budget nicht, wird dieser Punkt verhandelt. Vielleicht kann der Verkäufer dem Interessenten helfen, mehr Budget zusammenzubekommen. Eventuell lässt sich der Produktpreis entbündeln in Produkt und Produktschulung, und der Interessent kann zusätzlich ein Schulungs- und Weiterbildungsbudget in seinem Unternehmen anzapfen. Vielleicht finden die beiden auch eine ganz andere Lösung, wie ein leistungsschwächeres und daher günstigeres Produkt. Vielleicht kommen sie auch nicht zusammen. Dann können beide ihre Zeit und Energie in ergiebigere Projekte stecken.

Das Grundprinzip unseres Systems lautet: Mach' ein Angebot und stell' eine kleine Hürde davor. Und nur wenn der andere über die Hürde springt, geht es zum nächsten Verhandlungspunkt. Und so wie ein guter Verkäufer einem Interessenten nicht eine einzige Entscheidung abfordert, sondern den Kauf in kleinere Teilprozesse mit einzelnen Angeboten und Hürden aufteilt – ein passendes Bild ist: Trittsteine durch einen Bach zeigen – so macht das auch ein geschickter Einkäufer, wenn er nachher keine bösen Überraschungen erleben will.

Beispiel

Einkäufer zum Verkäufer: „Ihr Produkt passt zu unseren Spezifikationen. Ich würde gerne eine kleine Menge probeweise kaufen." Das ist ein Angebot. Jetzt wartet der Einkäufer auf die Reaktion des Verkäufers. Ist die „Ja", stellt er die Hürde hin: „Wir brauchen ganz zuverlässig in dieser Qualität jeden Monat 10 000 Stück. Können Sie das leisten?"

Sie sehen schon an diesen kleinen Beispielen, dass Verhandler, die mit dem **Grundprinzip des Systems – Angebot und Hürde** – arbeiten, immer wissen, wann sie den nächsten Verhandlungsschritt gehen können und wann nicht. Das alleine ist schon sehr hilfreich, wenn auch noch etwas holprig. Bauen wir als nächstes weiter Basis-Know-how für gekonntes Verhandeln auf und betrachten wir wichtige Prinzipien, wie Menschen Entscheidungen treffen.

Mit was vergleichen Sie?

Fast jede wichtige Entscheidung, und auch viele unwichtige, fällen wir aufgrund eines Vergleichs. Der Vergleich ist zwar nicht die einzige Methode, die wir einsetzen, um Entscheidungen zu treffen – dazu später mehr – aber sie ist unser Mittel der Wahl bei den meisten Entscheidungen, die wir in Verhandlungen treffen. Dass das so ist, ist auf den ersten Blick nicht sofort klar. Wenn wir aber ein Stück zurücktreten und unsere Entscheidungen betrachten, können wir sehr schön sehen, wann wir verglichen haben und wann nicht. Schauen wir uns unter diesem Gesichtspunkt einige alltägliche Situationen an.

Beispiele

Vordergründig stehe ich vielleicht vor folgender Entscheidung: Kaufe ich den tollen neuen Fernseher, oder kaufe ich ihn nicht? Bei näherem Hinsehen geht es jedoch nicht um „ob oder ob nicht", sondern um „ob Fernseher oder etwas anderes". Da ich nicht beliebig viel Geld habe, mache ich mir Gedanken, wie ich es verwende. Der Fernseher konkurriert vielleicht mit einem Wochenend-Trip nach London oder auch mit einer Sondereinzahlung in meinen Altersvorsorge-Fond. Ich schaue mir also die Optionen an, die ich mit meinem Geld habe – ich vergleiche – und dann entscheide ich mich.

Im Gegensatz zum Geld haben wir an Zeit alle gleich viel. Und ist es da nicht wichtig, dass wir unsere begrenzte Zeit sinnvoll nutzen? Nur, was ist sinnvoll? Das kann für jeden etwas anderes sein. Deshalb schauen wir auch oft nach, welche Optionen wir haben, bevor wir uns für eine zeitaufwändige Sache entscheiden. Schau ich mir im Fernsehen zwei Stunden einen mittelmäßigen Krimi an oder gehe ich lieber meinen Vortrag für morgen noch einmal durch? Vielleicht mache ich aber auch eine gute Flasche Wein auf und genieße den schönen Sommerabend gemeinsam mit meiner Frau auf der Terrasse.

Eine kleine Übung zum Schärfen der Wahrnehmung

Gehen Sie in Gedanken noch einmal die letzten beiden Tage durch. Achten Sie dabei auf Situationen, in denen Sie sich entscheiden mussten. Das muss nichts Dramatisches sein, es reichen alltägliche Situationen, wie zum Beispiel: „Gehe ich mit den Kollegen heute in der Mittagspause zum Italiener?" Oder auch: „Ziehe ich die Anfrage vor, die Abteilung A so dringend macht?" – Unabhängig davon, wie Sie sich entschieden haben, überprüfen Sie in der Rückschau noch einmal an zwei oder drei Entscheidungen, welche Optionen Sie verglichen haben. Machen Sie sich bewusst, dass Sie Optionen hatten. Gute Verhandler entscheiden immer in vollem Bewusstsein ihrer Optionen.

Hinter unserem Verhalten, bei Entscheidungen Optionen zu vergleichen, steht das Kontrastprinzip der Wahrnehmung. Kontrast entsteht, wenn sich Dinge gegeneinander abgrenzen. Bei Fragen der Art „ob oder ob nicht" entsteht praktisch kein Kontrast. Kontrast entsteht bei Fragen nach „ob dieses oder ob jenes". Hier stehen zwei Optionen (oder auch mehr) einander gegenüber.

Mit dem Kontrast hat es noch eine interessante Bewandtnis: Dinge treten deutlicher hervor, wenn sie neben Gegensätzen stehen:

➤ Ein großer Mensch wirkt noch größer, wenn er neben einem kleinen Menschen steht und umgekehrt.

➤ Ein Preis erscheint kleiner, wenn er neben einem deutlich höheren steht.

➤ Auch 6 Euro/qm Miete klingt für viele günstiger als 600 Euro Miete.

➤ Und was halten Sie davon: Die Miete beträgt weniger als die Leasingrate für einen BMW, wie Sie ihn fahren.

Das letzte Beispiel ist schon eine kleine Suggestion. Das heißt, der andere serviert uns den für seine Belange besten Vergleich auf dem Silbertablett. Vorher, vor dieser Suggestion, hätten wir beim Preis vielleicht gedacht: Das ist aber ganz schön teuer, wenn man bedenkt, wie hoch die Mieten voriges Jahr waren / bei uns in A-Stadt sind / bei der Immobilie sind, die wir vorhin besichtigt haben / ... Wie auch immer, wir hätten unseren eigenen Vergleichsmaßstab gesucht. Jetzt vergleichen wir die Miete mit der Leasingrate für ein teures Auto. Und da macht die Miete auf einmal gar keine schlechte Figur.

Auf solche Suggestionen oder Vergleichsangebote treffen wir ständig in unserer Alltagssprache. Denken wir an *leicht wie eine Feder* oder, das Gegenteil davon, *bleischwer*. Das bedeutet, wir sind es gewohnt, Suggestionen zu folgen, schließlich helfen sie uns im Alltag, uns besser verständlich zu machen und auch besser zu verstehen. Wir sind leichte Beute. Deshalb muss man ganz hellhörig werden, wenn einem in Verhandlungen Suggestionen angeboten werden. Selber vergleichen ist sicherer.

Unsere Abschnittsüberschrift heißt ja: **Mit was vergleichen Sie?** Und das ist die zentrale Frage, die wir unserem Gegenüber in Verhandlungen immer dann als nächstes stellen müssen, wenn er über die Hürde vor unserem Angebot nicht drüber will oder kann. Wenn wir das nicht tun, fangen wir an zu spekulieren, was meist schlecht ist. Wie das oft schief läuft, betrachten wir an einem Beispiel.

Beispiel

Der Einkäufer verzieht schmerzvoll das Gesicht, als er den Preis hört, und versinkt daraufhin in Schweigen. Beim Verkäufer geht es daraufhin im Kopf richtig los: „Ich wusste es! Ich wusste, dass ich ihm mit dem Preis nicht hätte kommen dürfen. Konkurrent A hat gerade die Preise gesenkt, und das weiß der Einkäufer natürlich ganz genau. Jetzt muss ich ..." – Und heraus kommt: „Wissen Sie, dass die bei A nicht wirklich die Preise gesenkt haben? Die haben einfach nur den Service herausgerechnet. Und den berechnen die jetzt extra. Bei uns bleibt der im Gesamtpreis mit drin."

Was denkt jetzt der Einkäufer? „Aha, das ist ja interessant. Während A die Preise gesenkt hat, haben die sie gegenüber letztem Jahr erhöht. Da ist das letzte Wort noch nicht gesprochen ..." Mit was hat der Einkäufer den aktuellen Preis von sich aus verglichen (warum hat er das Gesicht verzogen)? Mit dem vom vorigen Jahr. Und wenn der Verkäufer gefragt hätte: „Ich sehe, den nackten Preis wollen Sie so noch nicht akzeptieren. Woran messen Sie ihn? (Mit was vergleichen Sie?)", hätte er – gut vorbereitet, wie er ist – auch ordentlich etwas in die Waagschale werfen können. So hingegen hat er seinem Gegenüber vergiftete Pfeile gegeben, damit der sie auf ihn abschießen kann.

Das Prinzip, das hier greift, lässt sich sehr gut mit einer Waage verbildlichen. In der einen Waagschale unser Angebot – im speziellen Fall hier unser Preis (P) – und in der anderen der wahrgenommene Gegenwert, das, womit unser Gegenüber den Preis vergleicht.

Abbildung 1: Preis und wahrgenommener Wert stimmen überein.

Ist die Waage aus Sicht unseres Gegenübers in Balance, bekommen wir sein „Ja". Wie wir gesehen haben, sind Suggestionen, also Vergleichsvorschläge gekoppelt mit unserem Angebot, eine Möglichkeit, die Waage in Balance zu halten. Allerdings sind Suggestionen auch nicht ungefährlich, besonders wenn unser Gegenüber ein erfahrener Verhandler oder sensibel für Manipulation und hellhörig geworden ist. Auch ungeschicktes, offensichtliches Lenken führt zu Ablehnung und Widerstand. Und auf Widerstand werden wir weiter unten noch ausführlich eingehen.

Bleiben wir noch einen Moment bei der Waage. Woran erkennt man, dass sie nicht in Balance ist? Sie ist immer dann außer Balance, wenn unser Gegenüber unser Angebot nicht akzeptiert. Und „nicht akzeptiert" heißt: Er sagt nicht uneingeschränkt „Ja" dazu. (Nur nicht „Nein" sagen, reicht nicht!) Um die richtigen Schlüsse zu ziehen, darf man nicht nur auf das gesprochene Wort hören, sondern muss den ganzen Menschen beachten. Vielleicht sagt unser Gegenüber „Ja" oder murmelt ein zustimmendes „Mhmm", und sein Gesicht oder seine Körperhaltung sagen etwas ganz anderes. Dann heißt es nachfragen.

Beispielfragen

➤ *So ganz einverstanden scheinen Sie nicht, Herr X. Was lässt Sie zögern?*
➤ *Wie kommt es, dass Sie an dieser Stelle nicht Ja und nicht Nein sagen wollen, Herr X?*
➤ *Sie haben sicher gute Gründ, hier zu zögern ...* unser aufforderndes Schweigen bringt den anderen zum Reden.

Tipp!

Vielleicht ist Ihnen aufgefallen, dass keine dieser Fragen mit „Warum" beginnt. Warum-Fragen – und „Wieso" und „Weshalb" gehören auch in diese Kategorie – drängen den anderen in eine Rechtfertigungshaltung. Er glaubt, sich verteidigen zu müssen, und reagiert defensiv. Achten Sie in den nächsten Tagen einmal darauf, wie sich Ihre Gesprächspartner verhalten, wenn Sie Warum-Fragen stellen, und achten Sie dabei auch auf Ihre Empfindungen. Steht nicht oft hinter einem Warum ein hörbar erhobener Zeigefinger: „Sag jetzt bloß nichts Falsches, sonst ..."?

> Es gibt Situationen, in denen es sinnvoll sein kann, Druck aufzubauen. Und Warum-Fragen sind ein vorzügliches Mittel, es subtil zu tun, weil das Rechtfertigungsgefühl beim anderen automatisch anspringt. Wenn wir aber wirklich die Gründe für ein Zögern erfahren wollen, brauchen wir ein Gegenüber, das sich öffnet. Deshalb baut man Warum-Fragen um in „Wie-" oder „Was-Fragen": „Wie kommt es, dass ...?", „Was muss erfüllt sein, damit ...?" Diese Art von Fragen signalisiert echtes, nicht wertendes Interesse.

Zurück zur Waage: Ist sie außer Balance, was in Verhandlungen oft der Fall ist, gibt es mindestens zwei Möglichkeiten, die Balance wieder herzustellen. Wir können auf der einen Seite etwas wegnehmen oder auf der anderen Seite etwas drauflegen. Noch eine Möglichkeit wäre eine Mischung aus beidem: Auf der einen Seite ein bisschen wegnehmen und auf der anderen ein bisschen drauflegen. Im Bild ist hier wieder links der Preis (P) und rechts der vom Gegenüber wahrgenommene Wert (siehe Abbildung 2). Einfach am Preis zu schrauben, das ist die beliebteste und scheinbar einfachste Lösung. Nur, was nutzt dem Einkäufer ein zu niedriger Preis, wenn er beim Lieferanten dafür nur C-Kunde ist und im Ernstfall auch so behandelt wird? Und was hat der Verkäufer davon, wenn er einen zu hohen Preis durchsetzen kann und der Kunde ihn deswegen ständig in Frage stellt, ihn bei der erstbesten Gelegenheit ersetzen wird?

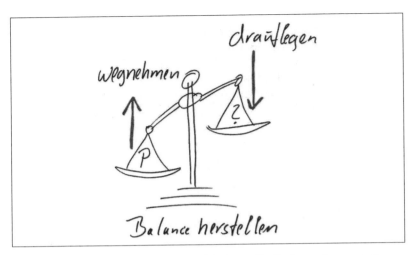

Abbildung 2: Es gibt zwei Möglichkeiten, die Balance herzustellen.

 Merke! Machen Sie sich vor jeder Verhandlung bewusst: Der Preis ist immer nur ein Teil des Gegenwerts. Und oft nicht einmal der wichtigste.

Andere Werte als Geld

Auf der rechten Seite der Waage liegt der Wert, den unser Angebot für unser Gegenüber hat. Es geht hierbei um mehr als „Geld gegen Ware". Für einen Einkäufer beispielsweise kann es sehr wichtig sein, dass er Lösungen einkauft, die seine Kollegen auch benutzen wollen und können, dass Lieferung oder Installation reibungslos laufen und dass auch in ein paar Jahren noch Ersatzteillieferung und Wartung gewährleistet sind. Und der Verkäufer wird intern auch an den Kunden gemessen, die er gewinnt. Ist der Kunde kooperativ, wenn technisch etwas nicht so läuft, wie es sollte, oder steht er sofort auf der Matte und macht alles nieder? Zahlt er pünktlich seine Rechnungen oder zögert er Zahlungen immer hinaus, bis es nicht mehr geht, und koppelt auch noch Forderungen daran? Das darf man als Verhandler nicht aus den Augen verlieren: **Reibungslose Zusammenarbeit** nachher im alltäglichen Geschäft ist sowohl für den Ein- als auch für den Verkäufer meistens sehr viel wert.

Es gibt noch andere Werte, die in der Waagschale liegen können. Am Ende des Abschnitts finden Sie eine kleine tabellarische Übersicht dieser Werte. Betrachten wir sie aber erst einmal einzeln.

Da gibt es **die strategischen Werte**. Ein Verkäufer, der bereits ein anderes Produkt (A) an diesen Kunden verkauft, kann dem Einkäufer klar machen, dass er Synergie-Effekte erzielt, wenn er auch Produkt B bei ihm kauft. Vielleicht lassen sich Lieferkosten einsparen, da A und B zusammen geliefert werden können. Vielleicht passen auch A und B perfekt zusammen, und bei einem Fremdprodukt für B fielen Anpassungsarbeiten an. Der Einkäufer könnte strategisch eine exklusive Belieferung wollen, so dass Konkurrenten das Produkt nicht beziehen können bzw. bei komplexeren Lösungen sicherstellen, dass kein Know-how durch den Lieferanten zu Wettbewerbern abfließt. Vielleicht verschafft ein Einkäufer auch einem Verkäufer bei einem Abschluss den Eintritt in ein neues Marktsegment/ eine neue Branche mit einer guten Referenz. – Das sind alles strategische Werte, die zusätzlich zum Geldpreis an einem Produkt, oder allgemeiner gesagt, an einem Geschäft dranhängen können.

Neben reibungslosem Ablauf und strategischen Überlegungen gibt es noch eine weitere Sorte von Werten, die man in Verhandlungen nicht unterschätzen darf: **Werte, die das Ego füttern.** Wir haben im vorherigen Kapitel schon die „Etikettierung" kennen gelernt. Sie erinnern sich sicher an das Beispiel mit Henry Kissinger und Anwar as-Sadat. Wer für ein bestimmtes Verhalten vor der Verhandlung gelobt oder bewundert wird, der tut nachher in der Verhandlung sehr viel dafür, um dieser Zuschreibung zu entsprechen.

Nun, dieser Trick mit dem Etikett ist eine kleine Manipulation des Egos. Es gibt natürlich auch eine Vielzahl nicht manipulierter Bedürfnisse des Egos. Meist geht es den Protagonisten dabei um die Bestätigung des Bildes, das sie von sich selber haben, oder um das Ansehen im eigenen Unternehmen. Wenn ich zum Beispiel von mir das Bild des investigativen Einkäufers habe, dem nichts verborgen bleibt, will ich natürlich auch etwas Besonderes herausfinden. Verhandlungen, die zu schnell auf den Punkt kommen, schmecken mir nicht und ein Verkäufer tut gut daran, sich das ein oder andere von mir aus der Nase ziehen zu lassen. Vielleicht bin ich in meinem Unternehmen aber auch dafür hoch angesehen, dass ich außergewöhnliche Lösungen einkaufe und meine Kollegen bewundern mich mit „wie hat er das bloß wieder gemacht". Ich bin bereit, einen sehr hohen Preis zu zahlen, wenn der Verkäufer mir klarmachen kann, warum seine Lösung etwas Besonderes ist, weshalb ich damit bei meinen Kollegen glänzen kann. Als Verkäufer habe ich vielleicht den Ruf „der entdeckt Märkte" in meinem Unternehmen. Das heißt, ich bin wahrscheinlich bereit, deutliche Zugeständnisse beim Preis zu machen, wenn Sie als Kunde in einem Markt zu Hause sind, den mein Unternehmen noch nicht beliefert. Sie zahlen als Einkäufer auf mein Ego-Konto ein, was mit Geld fast nicht aufzuwiegen ist.

Wie finden wir heraus, was wir drauflegen können, sodass die Waage wieder in Balance kommt und unser Gegenüber „Ja" sagen kann? Es gibt nur einen Weg: Indem wir danach fragen.

Betrachten wir ein Beispiel aus meinem Buch für Finanzdienstleistungsverkäufer *Erfolgreich Kunden akquirieren*[4]. Eine Situation, wie sie fast jeder kennt. Der Einkäufer hier ist ein Familienvater und der Verkäufer ein Versicherungsagent.

Beispiel

Der Versicherungsagent weiß, dass sein Kunde gut beraten wäre, eine Lebensversicherung abzuschließen, um seine Frau mit den beiden Kindern nicht ins finanzielle Desaster zu stürzen, sollte er plötzlich als Verdiener ausfallen.

Der Anfänger wird jetzt versuchen, den Kunden von einem Angebot zu überzeugen: „Sie wollen doch, dass Ihre Familie diesen Lebensstandard halten kann, oder nicht?" „Ja" vom Kunden. „Ich habe hier ein vorzüglich passendes Modell, das ..." Und damit

---

[4] Arndt, Peter und Braun, Gerold, Erfolgreich Kunden akquirieren, Wiesbaden 2006

drängt er den Kunden in (s)eine Richtung. Vielleicht ist diesem speziellen Kunden der aktuelle Lebensstandard aber gar nicht so wichtig? Vielleicht hält er das eigene Pferd seiner Tochter für übertrieben und beugt sich nur den Ansprüchen, damit er seine Ruhe hat? Und was ist mit dem „vorzüglich passenden Modell" – vielleicht gibt es besser passende Modelle, vielleicht hört er morgen schon von einem Kollegen, dass er zu teuer gekauft hat? – Und genau das geht unserem Kunden jetzt im Kopf herum. Auf der einen Seite seiner Waage liegt das Angebot und auf der anderen Seite der wahrgenommene Gegenwert.

Der Verkäufer, der etwas vom Handwerk des Verhandelns versteht, gibt keine Werte vor, sondern lässt den Kunden seine eigenen entdecken. Mit anderen Worten: Er lässt in diesem Fall durch gekonntes Fragen den Kunden in die Zukunft schauen. Zum Beispiel so: „Wie wird Ihre Familie leben, falls wir Sie verlieren?" (Gott bewahre, aber es ist im Bereich des Möglichen, nicht wahr?)

Jetzt kann der Kunde sich seiner wahren Werte bewusst werden und sie auch mitteilen. Und ja, vielleicht sagt er, dass ihm wichtig ist, dass seine Familie den Lebensstandard halten kann. Vielleicht wird ihm aber auch ganz heiß, wenn er daran denkt, wie seine Familie den Kredit für das Haus abbezahlen soll, falls er nicht mehr da ist. Vielleicht ist es auch etwas ganz anderes. Fest steht jedenfalls, erst wenn er die wahren Werte seines Kunden kennt, kann der Verkäufer auf die Werteseite der Waage das Richtige drauflegen. Ohne diese Fragen ist alles Spekulation. Und wie Sie gute Fragen stellen, sodass Sie immer verwertbare Informationen bekommen, das behandeln wir in Kapitel 4 ausführlich.

Wertekomponenten neben Preis	Wirkrichtung
Reibungsloser Ablauf	Probleme, Ärger vermeiden
Strategische Werte	Synergien nutzen
Ego	Ansehen mehren

Tabelle 3: Wertekomponenten neben Preis

Kommen wir an dieser Stelle auf ein Verhalten zu sprechen, das ich weiter oben bei den Suggestionen schon kurz angerissen habe: **Widerstand**. Ich warte geradezu darauf und die Frage kommt auch fast immer irgendwann in einem Verhandeln-Seminar: „Was mache ich, wenn der Einkäufer bzw. Verkäufer Widerstand leistet?" Meine Antwort darauf: „Als erstes stecken Sie Ihre Kanone weg." Wenn wir einmal genau überlegen, wo begegnet uns dieses „Widerstand leisten"? Eigentlich nur im Polizeibericht, nicht wahr? „Er leistete bei seiner Festnahme heftigen Widerstand." (In manchen Berichten leisten auch Türen heftigen Attacken Widerstand, aber ich weiß nicht, ob das so richtig ist.) Wenn Sie in der Lage sind, Ihr Gegenüber zu verhaften, brauchen Sie nicht mit ihm zu verhandeln. Sie sind in der überlegenen Position und können befehlen. Wenn Sie also das Gefühl haben, Ihr Gegenüber leistet Ihnen in einer Verhandlung Widerstand, sind Sie von der Spur abgekommen. Sie wollen Ihr Gegenüber dazu drängen, „Ja" zu sagen oder etwas Ähnliches, was Ihnen nutzt.

Natürlich gelingt es hin und wieder sowohl Verkäufern als auch Einkäufern, den Widerstand des anderen zu brechen. Aber man geht nicht wirklich als Sieger vom Platz. Schauen wir noch einmal auf das Beispiel von oben. Angenommen, dem ersten Versicherungsagenten gelingt es, dem Familienvater ein „Ja" zu „Lebensstandard halten" zu entlocken. Und er ist auch in der Lage, genügend Druck aufzubauen, sodass der Kunde sich nicht mehr gegen das „vorzüglich passende Modell" wehrt. Der Kunde unterschreibt mit einem mulmigen Gefühl, das sich so anhört: „Naja, irgendetwas muss ich ja tun, um meine Familie abzusichern. Und ob ich jetzt diese Police unterschreibe oder eine andere, das wird wohl letztendlich aufs Gleiche herauskommen." Unter uns, was meinen Sie, kann man damit als Verkäufer nicht auch zufrieden sein?

Unser Verkäufer war erfolgreich, und das ist es doch letztendlich, was zählt, oder? Nein. Unser Verkäufer ist auf dem besten Wege, sich seine Geschäftsbasis zu zerstören. Ich habe dieses Beispiel mit dem Finanzdienstleister bewusst gewählt. Gerade in dieser Branche gibt es überdurchschnittlich viele, die scheitern. Wenn man genauer hinsieht, stellt man immer wieder fest: Anfangs haben auch die Gescheiterten Aufträge geschrieben. Aber nachdem Verwandtschaft,

Kollegen- und Bekanntenkreis abgegrast sind (ein Weg, der oft gepflastert ist mit zerbrochenen Freundschaften) kommt kein neues Geschäft mehr zustande. Hinzu kommt, dass viele Verträge storniert oder schnellstmöglich gekündigt werden, was Provisionsausfall zur Folge hat. Was genau passiert bei solchen Verkäufern? Weshalb führen solche Verkaufserfolge geradewegs ins Verderben?

Es gibt zwei gute Gründe, die eng miteinander verzahnt sind. Sie heißen **„Kaufreue"** und **„Der guter Name"**. Die **Kaufreue** kommt nach Vertragsabschluss, wenn man als Verkäufer nicht mehr da ist und auch nicht gegensteuern kann. Und Kaufreue hört sich so an:

➤ „Brauche ich dieses Rundum-Paket wirklich? Hätte es nicht genauso gut nur ‚die Hälfte' getan?"

➤ „Habe ich da nicht etwas Überflüssiges gekauft / zu teuer abgeschlossen / mich zu lange gebunden?"

Und schlimmer noch, Freunde, Bekannte, Familienmitglieder schüren oft ungewollt diese Kaufreue. Nicht selten hört der Kunde solche Kommentare:

➤ „Bei diesen Konditionen hättest Du woanders aber mehr bekommen."

➤ „Du lässt Dir doch wirklich alles aufschwatzen."

➤ „Neulich habe ich gelesen, dass wir alle hoffnungslos überversichert sind."

Zweifel kommen hoch. Zweifel, ob man wirklich richtig beraten wurde, ob der andere nicht doch eine vertrauensvolle Zusammenarbeit zum eigenen Nachteil ausgenutzt hat. Und die Kaufreue wirkt auch direkt auf den so wichtigen „guten Namen". Sie wirkt wie ein schleichendes Gift. Es beginnt damit, dass der zweifelnde Kunde nicht mehr zu seinen Entscheidungen und damit zum Verkäufer steht. Er wird ihn zwar anfänglich nicht schlecht machen (noch sucht er „die Schuld" bei sich), aber er wird ihn ganz sicher nicht weiterempfehlen. Er wird seinen Vertrag stornieren oder, wenn das nicht mehr geht, weil die Frist verstrichen ist, wird er voll Zorn kündigen. Falls er mit dem Verkäufer befreundet war, kündigt er auch die Freundschaft.

Manchmal bleibt es dabei. Dann entgeht dem Verkäufer „nur" weiteres, leicht zu gewinnendes Geschäft. Kann sich die Wirkung des Giftes allerdings ungehindert entfalten, wird vielleicht sogar von anderen noch mehr Gift in die Adern gepumpt, bekommt er richtige Probleme. Der Kunde erzählt in seinem Umfeld, wie schlecht der Verkäufer ihn behandelt hat. Und nichts verbreitet sich schneller als eine schlechte Erfahrung. Es kommt bei Verbraucherstudien und Untersuchungen zu Kundenverhalten immer wieder heraus, dass eine gute Erfahrung rund dreimal weiter erzählt wird, eine schlechte hingegen zehnmal.

Was passiert hingegen, sobald ein Verkäufer gekonnt verhandelt?

➤ Der Kunde trifft Kaufentscheidungen, zu denen er unerschütterlich steht!

➤ Sollten Fragen auftauchen, spricht der Kunde mit dem Verkäufer darüber und nicht mit Kollegen oder mit Freunden im Sportclub. Mit anderen Worten: Es entsteht erst gar kein Zweifel, sondern wenn überhaupt etwas entsteht, dann lediglich Informationsbedarf. Der Kunde wendet sich voller Vertrauen an seinen Verkäufer.

➤ Der Verkäufer hat eine „Auftragsmaschine" installiert. Sein Kunde empfiehlt ihn mit großer Überzeugungskraft.

An diesem Beispiel wird deutlich: Widerstand zu brechen ist keine gute Taktik für Verhandler, die regelmäßig und dauerhaft gute Resultate erzielen wollen.

Wie gehen wir mit Widerstand um? Es gibt meiner Meinung nach nur eine einzige Situation, in der Widerstand in Verhandlungen auftauchen sollte: Dann, wenn wir es wollen. Es kann ein gutes Mittel sein, eine festgefahrene oder eingeschlafene Verhandlung durch eine gezielte Provokation wieder in Gang zu bringen. Es ist eine Manipulation, die uns nur gelingt, wenn unser Gegenüber das „Klar Schiff machen" nicht beherrscht. Wer nämlich Widerstand leistet, ist vielleicht nicht unbedingt positiv gestimmt, aber doch immerhin emotional beteiligt am Geschehen. Und wer heftig Widerstand leistet, ist hochgradig beteiligt. In allen anderen Situationen, wenn wir das Gefühl haben, der andere leistet Widerstand, müssen wir als erstes schauen, ob wir nicht unbeabsichtigt, ganz aus Versehen, eine Kanone auf unser Gegenüber richten; anders gesagt: ob wir ihn zu einer Entscheidung drängen wollen, zu der er nicht bereit ist.

> **Merke!** Widerstand des anderen bedeutet, dass er uns nicht mehr folgt. Wir führen nicht mehr.

Kann jemand Widerstand leisten, der die Wahl zwischen Nein und Ja hat? Gegen was sollte man da Widerstand leisten, nicht wahr? Weiter oben in diesem Kapitel habe ich es schon einmal geschrieben und Sie werden es im Verlauf dieses Buches noch öfter lesen: **Ein Nein Ihres Gegenübers ist so gut wie ein Ja.** Diese Haltung ist Bedingung, damit das Verhandeln-System funktioniert. Und diese Haltung bringt nicht nur den Vorteil, dass es keinen Widerstand zu überwinden gibt, sondern damit geben Sie einem unsicheren Gegenüber Sicherheit – Sie schaffen Vertrauen, und vom professionellen Verhandlungspartner ernten Sie Respekt.

Beispiele

Einkäufer zum Verkäufer: „Wir können eine Mindest-Jahresabnahme festmachen." Das ist ein Angebot. Und dann kommt die Hürde: „Kommen Sie uns dafür im Preis entgegen?" Der Verkäufer kann jetzt Ja oder Nein sagen. Wenn er Ja sagt, geht es weiter mit den Details dieser speziellen Vereinbarung. Und wenn er Nein sagt, kann der Einkäufer versuchen – so er denn will –, diese Haltung aufzuweichen, indem er die Gründe hinterfragt.

Ganz ausgezeichnete Ergebnisse mit der Haltung „ein Nein ist so gut wie ein Ja" erzielen Leute, die neues Geschäft via Cold Calls anbahnen. Mit Cold Call meine ich hier grob umrissen: Unbekannte Geschäftsleute anrufen, um herauszufinden, ob man mit ihnen ins Geschäft kommen kann. Nehmen wir beispielsweise an, Sie rufen Personalchefs an, die sehr gesuchtes, technisches Personal betreuen. Sie vertreiben ein Altersvorsorge-Programm, mit dem Unternehmen Mitarbeiter binden können. Und wenn Sie den Zuständigen an der Strippe haben, hört sich Ihr Angebot nach kurzer Begrüßung vielleicht so an: „Frau X, als Personalchefin betreuen Sie ja auch die heiß begehrte Gruppe der Spitzentechniker, nicht wahr? Ich habe hier ein Altersvorsorge-Programm, das diese Gruppe von Mitarbeitern fest an Ihr Unternehmen bindet. Zwei von drei Technikern, die das Vorsorge-Programm sehen, steigen sofort ein. Ist das etwas, worüber Sie weiter mit mir sprechen wollen, oder nicht?"

Vielleicht hat Frau X bereits alles bestens geregelt. Fluktuation ist kein Thema, das sie beschäftigt. Dann wird sie wahrscheinlich Nein sagen. Und das ist für beide Parteien gut. Keiner muss Ressourcen (Zeit und Energie) investieren, die in anderen Projekten besser verwendet sind. Was aber ist, wenn Frau X tatsächlich damit konfrontiert ist, dass dem Unternehmen Spitzentechniker abgeworben werden? Dann wird sie sich sehr wahrscheinlich anhören wollen, was Sie zu bieten haben. Schließlich sind Sie souverän aufgetreten und haben sie nicht zu irgendwas gedrängt, sondern den Vorschlag gemacht, intensiver darüber zu reden, falls es passt. Durch das „oder nicht" am Ende der Frage ist klar, dass auch ein Nein für Sie völlig in Ordnung ist.

In einem Cold Call ist ein Nein oft das Ende des Gesprächs. Man kann bei einem Nein noch fragen: „Nein, heißt das nur jetzt nicht oder überhaupt nicht?" und eventuell einen erneuten Anruf zu einem späteren Termin vereinbaren. Cold Calls sind ganz spezielle Verhandlungen, bei denen es darum geht, aus einer großen Anzahl von Kontakten rasch und sicher diejenigen herauszufiltern, die wirklich Bedarf haben. Im Normalfall wird man wenige Jas hören und viele Neins. Ein professioneller Akquisiteur, der mit einem guten Angebot eine klar definierte Zielgruppe anspricht, ist dankbar für jedes eindeutige und frühe Nein. Schließlich ist er in der Hauptsache dafür verantwortlich, dass der teure Außendienst nicht zu unfruchtbaren Terminen fährt, sondern dort aktiv wird, wo die besten Verkaufschancen sind; das heißt dort, wo Bedarf ist, ein Budget vorhanden ist und der Kaufentscheider grundsätzlich Kaufbereitschaft signalisiert hat.

Viele glauben, wenn sie ein Nein in einer Kaufverhandlung hören oder selber sagen müssen, das sei das Ende der Fahnenstange. Aber eine Verhandlung, in der sich Einkäufer und Verkäufer gegenübersitzen, ist in der Regel schon weit fortgeschritten. Beide Parteien haben mindestens schon eine gute Portion Zeit und Energie in den Kontakt bzw. das Geschäft investiert, vielleicht haben auch schon andere Abteilungen Zuarbeiten geleistet, wie genaue Angebotskalkulation, technische Anforderungen spezifizieren und dergleichen. Mit anderen Worten: Erwartungen wurden geweckt, wie „wir bekommen den Auftrag" oder „wir kriegen die neue Maschine". Je weiter fortgeschritten die Verhandlung, desto mehr steht auf dem Spiel – für beide. Ein Nein bedeutet also so gut wie nie das Ende der Verhandlung.

Was bedeutet ein Nein dann? Ein Nein bedeutet „Stop, hier will ich so nicht mitgehen". Ein Nein ist also der Ausgangspunkt für eine Untersuchung, für eine Exkursion rund um die anstehende Sache. Und am Ende der Exkursion haben wir das beste Ergebnis für beide Parteien. Das beste Ergebnis kann natürlich auch das Ende der Verhandlung ohne Abschluss sein, was aber sehr selten vorkommt. Ganz wichtig: Zu dem Zeitpunkt, zu dem die Exkursion beginnt, weiß man noch nicht, was als Ergebnis herauskommen wird.

Beispiele

Es geht in der Verhandlung um eine Produktionsmaschine. Die Maschine muss zweimal im Jahr von Fachpersonal gewartet werden, das das einkaufende Unternehmen nicht hat. Der Verkäufer bietet daher einen mehrjährigen Wartungsvertrag an. Einkäufer zum Verkäufer: „Die Wartung fürs erste Jahr ist bei solchen Maschinen üblicher Weise im Kaufpreis mit drin. Das ist bei Ihnen doch auch so, oder?" Ein unsicherer Verkäufer sagt hier vielleicht viel zu schnell Ja und verschenkt Geld, weil in seinem Preis die Wartung fürs erste Jahr nicht mit einkalkuliert ist. Der Verkäufer, der weiß, dass das Nein sein Freund ist, sagt es auch gelassen: „Nein, das ist bei uns nicht im Kaufpreis drin. Wir legen Wert auf Transparenz. Bei uns können Sie alles genau nachvollziehen. Soll ich Ihnen die Wartungsleistungen und -Preise einmal im Detail darlegen?" – Jetzt ist der Einkäufer wieder dran. Vielleicht reicht ihm die Begründung zum Nein und es geht weiter, vielleicht passt es ihm auch nicht und er sagt seinerseits: „Nein ..."

Verkäufer am Telefon zum Einkäufer in einem frühen Stadium des Kontakts: „Was halten Sie davon, wenn ich Sie nächste Woche besuchen komme und wir die Sache intensiver durchleuchten? Passt Ihnen das oder nicht?" – Übrigens, die früher übliche Frage an dieser Stelle war: „Wann passt es Ihnen besser, Dienstag Vormittag oder Donnerstag Nachmittag?" Vergessen Sie's. Auf diese Art, dem anderen bewusst die „Nein"-Option vorzuenthalten, drängt man heutzutage keinen Menschen im Geschäftsleben mehr zu einem Termin. Im Gegenteil: Man stünde als jemand da, der andere plump übervorteilen möchte. Kein guter Stand für einen Verhandler. – *Der Professionelle will seine Ressourcen in vielversprechende Kontakte investieren und das zum richtigen Zeitpunkt. Deshalb fragt er: „Passt Ihnen das oder nicht?" Oder auch: „Ist das o. k. für Sie? Sagen Sie einfach Ja oder Nein." Und nehmen wir an, der Einkäufer hier sagt Nein. Dann kann der Verkäufer zum Beispiel Folgendes erwidern: „Sie haben gewiss gute Gründe, weshalb Sie noch nicht Ja zu einem intensiveren Gespräch sagen wollen. Welche Bedingungen müssen erfüllt sein, damit das für Sie Sinn macht?"*

Es ist geradezu ein Fehler, möglichst schnell zu einer Übereinkunft kommen zu wollen, sobald das verhandelte Thema etwas komplexer wird. Falls ein Vertragswerk unübersichtlich werden kann, ist es ratsam, auch scheinbar einfache Entscheidungen nicht nur abzunicken, sondern sie im Detail durchzugehen. Sonst kommt es später zu unliebsamen Überraschungen à la: „Wir sind aber fest davon ausgegangen, dass die Lieferung frei Lager ist." Oder: „Aber das war doch klar, dass wir erst nach Ostern liefern können."

Schauen wir noch einmal auf unser zweites Beispiel von eben und nehmen an, der Einkäufer sagt: „Ja, ein intensiveres Gespräch passt mir." Auch dann fragt der professionelle Verkäufer nach, um herauszufinden, wie er sich vorbereiten muss. Von was geht der Einkäufer aus, jetzt, da er Ja gesagt hat? (Passende Frage dazu: „Mit welchen Erwartungen gehen Sie in dieses Gespräch?") Wird es ein Hintergrundgespräch zwischen Einkäufer und Verkäufer oder sind bei dem Termin vielleicht sogar schon Vorstand und Fachentscheider dabei? Zwei völlig verschiedene Termine, die sowohl unterschiedlich vorbereitet werden wollen, als auch verschiedene Ergebnisse bringen werden. Beim Hintergrundgespräch ist eher unwahrscheinlich, dass über einen Kauf verhandelt wird, beim Gespräch, an dem Fachentscheider und höhere Chargen teilnehmen, kann man davon ausgehen, dass das einkaufende Unternehmen seinen Bedarf schon tief ausgearbeitet hat. Es wäre ungewöhnlich, wenn da detaillierte Fragen zum Kauf ausblieben.

Jetzt haben wir ausführlich über das „Nein" und auch das „Ja" gesprochen, fehlt noch ein Drittes: das Vielleicht.

Die Vielleicht-Falle

Wenn ein Kontakt mit einem „Vielleicht" antwortet, hört der Fragende gerne ein Ja und der Antwortende meint oft Nein. Wer jetzt ohne Klärung weitergeht, bewegt sich auf dünnem Eis. Die Gründe für ein „Vielleicht" sind oft: Der Verhandlungspartner hat entweder **nicht die Macht** zu entscheiden, oder unser **Angebot war zu viel auf einmal**.

Im ersten Fall, er hat nicht die Macht, Ja oder Nein zu sagen, müssen wir die Verhandlungen unterbrechen, und unser Gesprächspartner holt sich die Erlaubnis, weiter zu verhandeln, oder er bringt die wahren Entscheider mit an den Tisch. Im zweiten Fall müssen wir einen Schritt zurück und unser Angebot überdenken. Ist es zu komplex, wollen wir einen für unseren Interessenten zu großen Schritt gehen? Oder enthält es Komponenten, zu denen unser Gesprächspartner Ja, und andere, zu denen er Nein sagt? Wie auch immer, wir müssen unser Angebot klarer, einfacher machen.

 Merke! Ein Angebot wird einfacher, indem man kleinere Schritte von seinem Gegenüber verlangt. Also nicht am Ende ein dickes Ja oder Nein, sondern mehrere kleinere Jas oder Neins zwischendurch.

Beispiel

Sie kennen das vielleicht, der Verkäufer hat Vorteil auf Vorteil gehäuft, Sie haben stumm ein paarmal „Ja" gesagt, dann wurden daraus einige „Ja, aber", und das ein oder andere „Nein" war schließlich auch schon dabei. Und jetzt kommt dieser Verkäufer mit der Alles-oder-Nichts-Frage. „Das muss ich jetzt erst einmal sacken lassen" ist eine übliche (und gesunde) Reaktion. Oder auch: „Darüber will ich erst einmal mit X sprechen, bevor ich das entscheide." Im Grunde alles verdeckte „Neins".

Wo will der Verkäufer jetzt ansetzen, um herauszufinden, wo der Kunde ausgestiegen ist? Eigentlich müsste er noch einmal ganz von vorne anfangen und jeden einzelnen Punkt abklopfen. Da spielt aber der Kunde nicht mehr mit, weshalb solche Verkäufer dann mit Preisnachlässen hantieren (Nicht aus Not, nötig wäre es nämlich nicht, sondern aus Verzweiflung, weil sie im Blindflug operieren.)

Die Lösung: Weil wir uns viel einfacher damit tun, die Auswirkungen von kleineren Entscheidungen zu überblicken, zerlegen gute Verhandler ihr Angebot von Anfang an in sinnvolle Teile und ermöglichen ihrem Gegenüber kleinere Schritte. Weiter oben war die Rede von dieser Taktik: „Trittsteine legen".

Tipp!

Wir können in Verhandlungen ein „Vielleicht" für unsere Zwecke manipulativ nutzen. Ein Vielleicht entzieht den festen Boden. Und zwar nicht herausfordernd oder aggressiv, sondern subtil. Wer bei einem Vielleicht nicht anhält und klärt, was dahinter steht, der muss spekulieren und wird fortschreitend unsicherer. Wir können ein zu forsches oder selbstgefälliges Gegenüber damit abbremsen und zwingen zu ergründen, was wir wollen.

Take away

➤ Geschäftsverhandlungen in Ein- und Verkauf unterscheiden sich von vielen anderen Verhandlungsarten durch folgende Regel: Jede der beteiligten Parteien kann die Verhandlung jederzeit beenden und gehen. Und das bedeutet, dass jede Partei für alles verantwortlich ist, was in einer Verhandlung geschieht oder auch nicht geschieht.

➤ Wer die Verantwortung für Verhandlungsergebnisse trägt, muss auch befähigt sein, wirkungsvoll zu verhandeln. Und wer nicht auf den glücklichen Zufall angewiesen sein will, braucht ein System aus Werkzeugen und Methoden, mit denen er regelmäßig und sicher gute Ergebnisse verhandelt. Dieses Buch vermittelt genau ein solches System.

➤ Geld ist nur ein Wert von vielen, den ein Angebot repräsentiert. Sie müssen in Verhandlungen herausfinden, welche Werte außer dem Preis Ihr Gegenüber mit Ihrem Angebot verbindet. Die zugehörige Frage: Mit was vergleichen Sie?

➤ Ein Nein in einer Verhandlung ist eine wertvolle Antwort. Ein Nein ist der Startpunkt für eine Exkursion, an deren Ende das beste Ergebnis wartet.

3 Geben und Nehmen

In diesem Kapitel erfahren Sie, wie Sie von Anfang an die Kontrolle in Verhandlungen übernehmen und wie Sie sie wieder bekommen, falls sie Ihnen einmal entglitten ist. Sie lernen, dass Commitment, das „Sich-Festlegen", der Schlüssel zum Erfolg in Verhandlungen ist. Und Sie lernen, wie Sie sowohl fest zu sich selber stehen, also Ihr Selbst-Commitment nähren, als auch das Commitment Ihres Gegenübers regelmäßig gewinnen. Schließlich zeige ich Ihnen, wie Sie der gefährlichsten Falle eines Verhandlers, der Bedürftigkeit, geschickt aus dem Weg gehen.

Den Rahmen bestimmen

Wer bestimmen kann, über was geredet wird, hat in Verhandlungen das Heft in der Hand. Und das Heft in der Hand zu halten, bedeutet in erster Linie, dass man den Rahmen der Verhandlung absteckt und sicherstellt:

➤ Es werden die Punkte verhandelt, die einem wichtig sind, und

➤ überraschend auftauchende Themen blockieren nicht das Fortkommen.

Die Aufgabe, den Rahmen abzustecken, zerfällt in zwei Abschnitte: in die Vorbereitungsphase der Verhandlung und in die Phase „laufend während" der Verhandlung. In der Vorbereitung geht es um das sogenannte Agenda-Setting, man legt fest, welche Punkte verhandelt werden. Und während der Verhandlung kommt es darauf an, immer wieder zur Agenda zurück zu kommen, falls die andere Partei oder auch man selbst in Nebensächlichkeiten abschweift. Natürlich kann auch mitten in einer Verhandlung ein ganz wichtiges Thema auftauchen, das sofort behandelt werden muss. Aber das sollte die Ausnahme sein und passiert auch nicht wirklich oft, wenn man in der Vorbereitungsphase gut gearbeitet hat.

Die Agenda-Planung

Agenda-Setting ist eine Planungsaufgabe, die man sehr gewissenhaft angehen sollte, da nicht selten Verhandlungen schiefgehen oder ins Endlose laufen und schließlich versanden, weil vorher nicht geklärt und von beiden Parteien bestätigt war, worüber genau verhandelt wird. Wenn man dabei zu oberflächlich ist, wird man eher öfter als seltener „auflaufen".

Beispiel

Vielleicht ist es Ihnen ja auch schon so ähnlich wie mir ergangen: Da komme ich als Verkäufer zum Kunden in der festen Annahme, mit ihm über eine Erhöhung der Abnahmemenge zu verhandeln, und lande recht schnell in einer Diskussion über die Supportleistungen unserer Firma. Auf diese Diskussion war ich überhaupt nicht vorbereitet. Mein Fehler. Und mein Fehler bestand darin, dass ich im Verabredungsgespräch mit diesem Kunden nicht nachgefragt habe: „Gibt es noch etwas, Herr X, über das wir unbedingt sprechen müssen, bevor wir Ihren Bedarf angehen?" Wenn er dann „Ja, da gibt es noch ..." sagt, hat man es auf dem Tisch und kann damit umgehen. Wenn er „Nein" sagt, kann man sich in der Verhandlung darauf berufen, und der unerwartete Punkt bringt nicht die Verhandlung zum Stocken, sondern wird auf einen separaten Termin (auf den man sich zum Vorteil beider Seiten vorbereiten kann) vertagt.

Tipp!

Bei wichtigen Verhandlungen sollten Sie zeitnah noch einmal nachfragen, ob es dabei bleibt, was besprochen und verabredet wurde. Und zeitnah heißt: 24 Stunden vor dem Termin. Meist genügt ein Anruf und man ist vor unliebsamen Überraschungen sicher. Wenn man es mit einem sehr formellen oder auch noch ganz neuen Kontakt zu tun hat, dann empfiehlt es sich, das schriftlich (per E-Mail) abzuwickeln.

Am Ende dieses Abschnitts erhalten Sie eine Anleitung, wie Sie die Agenda für die Verhandlung so aufbereiten, dass Sie alles Wichtige parat haben. Kommen wir jetzt zur Agenda-Planung. Wie geht man das am besten an? Man sollte drei Fragen beantwortet haben, bevor man in eine Verhandlung geht:

1. Was will der andere erreichen?
2. Was will ich erreichen?
3. Was ist der nächste Schritt?

Der andere zuerst

Nicht umsonst steht die Frage nach den Wünschen des anderen hier an erster Stelle. Es spielt keine Rolle, ob wir auf der Einkäufer- oder auf der Verkäufer-Seite sitzen: Wenn wir wissen, oder zumindest eine gute Vorstellung davon haben, was der andere erreichen will, kennen wir auch seine Wünsche und wunden Punkte, können abschätzen, wo er nachgiebig sein wird und was er mit Zähnen und Klauen verteidigt. Kurz: Wir können aufgrund unserer Vorbereitung sein Verhalten nachher in der Verhandlung sehr sicher beurteilen.

Wie kommt man an die Information, was der andere will? Es gibt zwei Ressourcen. Zum einen wissen wir bereits einiges über unser Gegenüber aus vorangegangenen Gesprächen/Verhandlungen und auch aus unserer Recherche und zum anderen können wir ihn danach fragen.

Wenn es zu Geschäftsverhandlungen kommt, sind meist etliche Gespräche vorher schon gelaufen. Da gab es den ursprünglichen Messebesuch oder das erste Telefongespräch auf eine Anzeige oder einen Werbebrief hin. Der Einkäufer hat daraufhin seinen möglichen Lieferanten genauer unter die Lupe genommen und im Internet über ihn recherchiert. Das Gleiche macht natürlich auch ein Verkäufer, um ein Gefühl für seinen möglichen Kunden zu bekommen. Dann gab es vielleicht auch Spezifikationsgespräche und ein Produktmuster wurde angefordert und verschickt bzw. das Produkt vorgeführt. Und vielleicht waren auch schon Fachspezialisten auf beiden Seiten beteiligt. Bei solchen Gelegenheiten wird eine Menge an Information ausgetauscht. Diese Information gut aufbereitet, das ist in Verhandlungen Gold wert.

> **Tipp!**
> Gute Notizen können sehr wertvoll werden. Gewöhnen Sie sich deshalb an, während Gesprächen mit potenziellen Geschäftspartnern immer Notizen zu machen. Wenn das aus irgendeinem Grund nicht geht, fertigen Sie unmittelbar danach ein Gedächtnisprotokoll an.

Die besten Verhandler, die ich kennen gelernt habe, waren auch ausnahmslos gute „Notizenmacher". Worauf kommt es bei den Notizen an? Schreiben Sie nicht alles mit, machen Sie Stichpunkte und Halbsätze. Es kommt dabei nicht auf korrekte Grammatik an. Notieren Sie auch keine Informationen, die Sie leicht recherchieren können, wie zum Beispiel die Anzahl der Niederlassungen in Deutschland oder wie viele Jahre die Firma existiert. Die Hauptsache bleibt, dass Sie aufmerksam dem Gespräch folgen, Notizen machen Sie nebenbei. Achten Sie während des Gesprächs auf Informationen wie zum Beispiel

- Wer entscheidet über den Kauf? Der Einkäufer allein oder ein Gremium oder ...?

- Wer kann über Preise entscheiden? Der Verkäufer oder sein Vorgesetzter oder ...?

- Worauf legt der Einkäufer wert? Welches sind seine Auswahlkriterien – beispielsweise Qualität, Service, Verfügbarkeit oder Preis?

- Was ist dem Verkäufer wichtig? Sucht er vielleicht Kunden in einer neuen Branche oder neuen Region? Ist er an einer langfristigen Beziehung interessiert und will nicht nur Produktlieferant sein, sondern Lösungen anbieten? Will er eine ganze Produktpalette verkaufen?

Zwischen den Zeilen lesen

Neben solchen handfesten Informationen gibt es immer auch noch die zwischen den Zeilen. Steht der andere unter Handlungs- oder Erfolgsdruck oder ist ihm das Ansehen im eigenen Unternehmen vielleicht besonders wichtig? Und schließlich gibt es noch Informationen, die der andere wider besseres Wissen herausgibt. Das wäre zum Beispiel der Fall, wenn ein Einkäufer zu früh zum Verkäufer sagt: „Unsere Fachabteilung sagt, Ihr Produkt ist genau das, was wir brauchen. Ihre Wettbewerber kommen da nicht mit." Bei aller Liebe, so etwas sollte man nicht tun. Und auch Verkäufer – vielleicht sogar noch öfter als Einkäufer – sagen ohne nachzudenken ähnlich verwertbare Dinge. Man darf sich nichts vormachen: Damit schwächt man seine Verhandlungsposition dramatisch. Auf der anderen Seite muss man so etwas notieren, wenn man es hört, damit man es in der Verhandlung – vielleicht Monate später – parat hat.

Wer im Notieren fortgeschritten ist, der merkt sich auch sprachliche Besonderheiten, wie zum Beispiel Metaphern oder Redewendungen, die der andere nutzt. Will sich jemand erst einmal ein „umfassendes Bild machen" oder spricht er vom „Big Picture" oder will er „einen Schritt zurücktreten, um das Ganze zu sehen"? Alle drei Formulierungen bedeuten so ziemlich das Gleiche, nicht wahr? Aber in der Wirkung unterscheiden sie sich merklich. Eine Sache wird für die meisten Menschen viel deutlicher, wenn sie ihnen in ihrer Sprache, mit den eigenen Metaphern, präsentiert wird. Wenn jemand zu mir sagt: „Ich habe Ihnen hier Informationen zusammengestellt, damit Sie sich ein umfassendes Bild machen können" und „umfassendes Bild" ist meine Metapher, dann sind die Informationen viel interessanter, als wenn er mich „einen Schritt zurücktreten" lässt. Ähnlich verhält es sich mit dem Sinnsystem (hören, sehen, fühlen), in dem sich jemand ausdrückt. Hört sich ein Vorschlag gut an oder sieht er gut aus oder ist es für den anderen ein griffiger Vorschlag? Notieren Sie das, was der andere benutzt, und benutzen Sie es auch. Der andere tut sich beim Verstehen und beim Folgen leichter. Und wer leichter folgt, lässt sich besser führen.

Unsere zweite Möglichkeit, Informationen darüber zu bekommen, was der andere erreichen will, ist, ihn zu fragen. Man muss nicht um den heißen Brei herumreden, sondern kann recht direkt fragen. Solange man zeitlich weit genug vor der Verhandlung damit ankommt, verschanzt sich der andere nicht, sondern nimmt solche Fragen als unser echtes Interesse an seiner Situation wahr und gibt in der Regel auch Einblick in seine Seelenlage.

Um etwas zu erfahren, stellt man am besten offene Fragen, also Fragen, die nicht mit einem Ja oder Nein beantwortet werden können. Man bringt den anderen zum Reden. Hier zwei Beispiele für solche Fragen:

➤ Was erwarten Sie sich noch von unserem Termin?

➤ Was wäre für Sie ein ideales Ergebnis?

Es gibt eine einfache Prüfung, ob Sie echte Information bekommen oder ob der andere nichts von sich preisgeben will: Wertvolle Information bekommen Sie, wenn der andere davon spricht, dass er entweder ein bestimmtes Problem lösen oder ein bestimmten Ziel erreichen will. Achten Sie darauf bei den Antworten, die Sie bekommen. Und machen Sie Notizen!

 Merke! Nur wer **weg von** einem Problem oder **hin zu** einem Ziel will, ist motiviert und trifft Entscheidungen. Und man verhandelt sinnvoller Weise nur mit Leuten, die willens sind, Entscheidungen zu treffen.

Die eigenen Ziele abstecken

Nachdem man sich im ersten Schritt eine gute Vorstellung davon verschafft hat, was der andere erreichen will, folgt der zweite Schritt in der Agenda-Planung: „Was will ich erreichen?" Die Antwort auf diese Frage scheint auf den ersten Blick offensichtlich. Der Verkäufer will vielleicht einen neuen Kunden gewinnen und der Einkäufer einen besseren Preis bekommen. Die Antworten können natürlich etwas variieren: Ein Einkäufer könnte auch einen Alternativlieferanten suchen oder beste Qualität einkaufen wollen. Mehr vom Gleichen oder weitere Produkte aus der Angebotspalette an einen bestehenden Kunden zu verkaufen, wären Optionen für einen Verkäufer. Am Ende wollen beide Parteien, dass der andere einen Vertrag unterschreibt. Und wenn man genau hinsieht, dann bedeutet das: Ich will erreichen, dass der andere etwas ganz bestimmtes tut.

Noch eine Überlegung vorweg. Wollen Sie mit jedem, auf Teufel komm' raus, ins Geschäft kommen? Sicher nicht. Sicher haben Sie eine gute Vorstellung davon, wie Ihr passender Lieferant/passender Kunde aussieht, wie er „drauf" ist. Wenn das noch nicht der Fall ist, ist jetzt ein guter Zeitpunkt, es nachzuholen. Wer unkritisch und wahllos mit jedem Geschäfte macht, der liefern oder bezahlen kann, handelt sich sehr oft auch ernste Schwierigkeiten ein. Ich meine jetzt nicht, dass Sie nur mit sympathischen Leuten Geschäfte machen sollten – sympathisch oder nicht, sollte keine große Rolle spielen – was ich meine, ist, dass Sie Ihre Wertvorstellungen mit denen des anderen abgleichen. Gleiche Vorstellungen, das ist der Hintergrund, vor dem alle Verhandlungen stattfinden. Drei Beispiele, an denen klar wird, was ich meine:

Passen die ultra-moderne Werbeagentur und das konservative Kundenunternehmen wirklich zusammen? Wären bei einer Zusammenarbeit beide auf gleicher Linie, oder käme es unweigerlich zu empfindlichen Störungen, die den Erfolg gefährden?

Der Verkaufstrainer, der auf anspruchsvolle Persönlichkeitsentwicklung bei Verkäufern schwört, und das Unternehmen, das seine Verkäufer nur schnell nach vorne peitschen will?

Der Versicherungsmakler, der „schnell und billig" auf seine Fahnen geschrieben hat, und der Unternehmer, der umfassend und ausführlich beraten werden will?

Wenn Ihnen bisher noch nicht klar war, für welche Werte Sie (bzw. Ihr Unternehmen) stehen, dann sollten Sie sich jetzt die Zeit nehmen und eine kleine Aufstellung machen. Das müssen Sie nur einmal machen; es gilt dann für lange Zeit. Also, wie ticken Sie? Machen Sie eine kleine Nabelschau. Gehen Sie dazu einfach in Gedanken einige Geschäftsprozesse durch: Wie läuft das bei Ihnen, wird schnell entschieden und dann während des Projekts/Prozesses ohne große Reibungsverluste feinjustiert oder wird erst einmal jedes denkbare Szenario durchgespielt und dann die perfekte Lösung implementiert? Das wäre die Frage danach, ob Sie eher spontan oder eher planvoll vorgehen. Ein anderer Punkt: Wird bei Ihnen sehr formal entschieden und bei Zweifeln auf die Buchstaben im Vertrag gesehen oder geht es eher hemdsärmelig, per Handschlag? Die Antwort darauf zeigt, wie viel Risiko Sie wagen bzw. wie viel Sicherheit Sie brauchen.

Es geht jetzt nicht darum, dass Sie alles bis ins kleinste Detail ergründen. Es reicht, wenn Sie in groben Zügen Ihre wirklich wichtigen Werte herausstellen. Wovon war man in Ihrem Unternehmen in der letzten Zeit wirklich begeistert, was hat für unangenehme Aufregung gesorgt? Und was ist vom Wert her gesehen das Gegenstück dazu? Wenn Sie danach jetzt vor Ihrem geistigen Auge suchen, werden Sie fündig. Vielleicht sind es bei Ihnen drei, vielleicht auch vier oder fünf Werte, die wirklich wichtig sind. Am besten, Sie legen eine dreispaltige Tabelle an und tragen die Wertegegensätze jeweils in die äußeren Spalten ein. In der mittleren Spalte tragen Sie eine in fünf Stufen untergliederte Bewertungsskala. Wenn sich die beiden gegensätzlichen Werte in den äußeren Spalten die Waage halten, dann kreuzen Sie in der Skala das mittlere Feld an. Gibt es ein leichtes Übergewicht nach einer Seite, dann kreuzen Sie das entsprechende Feld neben der Mitte an. Und ist ein Wert deutlich ausgeprägt, dann nehmen Sie das dazugehörige äußere Feld. Diese deutlich ausgeprägten Werte sind es, bei denen Sie darauf achten müssen, dass Ihr Gegenüber nicht konträr dagegen Stehende hat.

	Ausprägung					
Spontan	O	O	O	O	O	Geplant
Risiko	O	O	O	O	O	Sicherheit
Progressiv	O	O	O	O	O	Konservativ
Kostenbewusst	O	O	O	O	O	Qualitätsbewusst
..	O	O	O	O	O	...

Tabelle 4: Die eigenen Werte bestimmen

> **Merke!** Wenn Sie Ihre Werte kennen, sind Sie in der Lage, Geschäftspartner auszuwählen, die bestens zu Ihnen passen.

Mit diesem Wissen über unsere Werte kommen wir zurück zur **2. Agenda-Frage „Was will ich erreichen?"**. Weiter oben haben Sie gelesen, dass wir bei genauem Hinsehen wollen, dass der andere etwas tut. Zum Beispiel einen Vertrag unterschreiben. Kann man am Anfang einer Verhandlung schon vorhersagen, dass er das tun wird? Nein, es sei denn, man könnte wie Al Capone argumentieren, der einmal gesagt haben soll: „Man erreicht mehr mit einer Pistole und einem freundlichen Wort als mit einem freundlichen Wort allein." Wir haben nur das Wort alleine. Macht es da für uns nicht mehr Sinn, uns Dingen zu widmen, die wir besser beeinflussen können als den finalen Schritt, die Vertragsunterzeichnung?

Wenn wir unter „Was will ich erreichen?" die Dinge fassen, die wir wirklich kontrollieren können, dann behalten wir a) die Handlungskontrolle während der Verhandlung und erzielen b) automatisch ein wirklich gutes Ergebnis. Das Ergebnis kann dann selbstverständlich auch sein: Mit diesem Gegenüber kommen wir nicht ins Geschäft. Aber nicht, weil er nicht unterschrieben hat, sondern weil wir ihn aussortiert haben. Wir passen dann nicht zusammen. Auf der anderen Seite: Wenn wir ins Geschäft kommen, dann sind die Weichen auf gute Zusammenarbeit gestellt, weil wir uns mit unseren Werten nicht ins Gehege kommen.

Wenn das Ende und auch das „wer unser Gegenüber ist" außerhalb unserer Kontrolle liegen, was hat man in einer Verhandlung dann wirklich unter Kontrolle? Das eigene Verhalten und das, was man sagt, was man fragt und was man tut. Darauf muss der Fokus liegen und das muss rein in die Agenda. Unter „Was will ich erreichen?" steht dann:

➤ Der andere soll seine Werte offenlegen, damit ich schauen kann, wie wir zusammenpassen.

➤ Ich habe einen Schritt-für-Schritt-Plan für die Verhandlung.

➤ Unbedingt beachten: Erst wenn ich A weiß, rede ich über B.

Das ist das Grundprinzip von „Was will ich erreichen?", das für jede Verhandlung angepasst wird. Ist zum Beispiel aus vorangegangenen Verhandlungen klar, dass die Unternehmen zusammenpassen, dann entfällt das Offenlegen der Werte. Welche Schritte man wann am besten geht, hängt auch von der einzelnen Verhandlung ab. Wichtig ist, dass man einen durchdachten Plan hat. Was glauben Sie, wie Sie auf die Gegenseite wirken, wenn Sie genau wissen, was Sie wollen? – Professionell. Sie verdienen sich den Respekt und das Vertrauen des anderen und behalten weiterhin die Führung.

Beispiel

für einen Schritt-für-Schritt-Plan, wie ich ihn einmal in einer Beratung gemeinsam mit einem Vertriebsteam entwickelt habe. Die Fakten: Die Verkäufer führen in zwei Monaten das jährliche Statusgespräch mit den Einkäufern, in dem auch die Bestellplanung für das kommende Jahr besprochen wird. Bisher, in den vergangenen Jahren, haben die Verkäufer bei diesen Gesprächen immer einen stattlichen Sonderbonus (Nachtragsrabatt) gegeben. Die Einkäufer sind daran gewöhnt und rechnen damit. Dieses Jahr geht das allerdings wegen gestiegener Entwicklungskosten nicht. Erste vorsichtige Hinweise an einige Einkäufer haben für Verärgerung gesorgt und dazu geführt, dass die Einkäufer die Bestellplanung zurückstellen wollen und Gespräche mit Wettbewerbern der Verkäufer führen. Die Verkäufer sind unsicher, was sie tun sollen.

Der Plan. Im ersten Schritt, es sind noch zwei Monate hin bis zu den Gesprächen, müssen vertrauensbildende Maßnahmen gestartet und gleichzeitig Wechselhürden aufgebaut werden. Die Verkäufer verschicken einen persönlich gehaltenen Brief mit der Pressemeldung über die hohen Zukunftsinvestitionen des Lieferanten im Anhang. Dieser Brief wird drei Tage nach Versand telefonisch nachgefasst, wobei mit den Einkäufern ein Gespräch über die Zukunft des Marktes, den technologischen Vorsprung ihres jetzigen Lieferanten und den Nutzen daraus für den Einkäufer geführt wird. Die zentralen Punkte des Gesprächs sind schriftlich vorgegeben und der Einkäufer wird mehrmals aufgefordert, seine Meinung unbedrängt zu äußern. Die Einkäufer werden in drei Grup-

pen unterteilt: Diejenigen, die sofort „auf Linie" sind, diejenigen, die indifferent bleiben, und diejenigen, die sich um die Weitergabe der Kosten an sie sorgen.

Eine Woche nach diesem Gespräch bekommen die drei Gruppen Infobriefe (je nach Verhalten maßgeschneiderte Info: weiterhin das beste Produkt seiner Klasse; vom Technologieführer; keine Preiserhöhung trotz Wertzuwachs) und zwei Wochen vor dem Jahresgespräch noch einen Brief mit der Kopie einer Pressemeldung, die im Fachjournal abgedruckt war, in der es um die hervorragenden Marktchancen des Produkts ging.

Der Schritt-für-Schritt-Plan in der Verhandlung. 1. Gesprächspunkt: Der Nutzen für den Einkäufer aufgrund der technologischen Weiterentwicklung des Produkts. Nicht weitergehen im Gespräch, bevor der Einkäufer seinen Mehrnutzen erkannt hat. 2. Gesprächspunkt: Der Verkäufer sagt: „Ich habe eine gute und eine schlechte Nachricht mitgebracht. Zuerst die schlechte: Die Firma hat uns den althergebrachten Bonus gestrichen. Und jetzt die gute: Die Preise bleiben trotz der bedeutenden Werterhöhung wirklich unten. Wie finden Sie das?" 3. Gesprächspunkt: Bestellplanung, wie immer.

Im besagten Jahr ist kein Einkäufer abgesprungen. Auch die Bestellplanung verlief genau wie erwartet. Und wie man sieht, fängt eine Verhandlung oft schon an, weit bevor die Parteien eigentlich am Tisch sitzen. Im Beispiel wurde mit Briefen und Telefongesprächen der Rahmen vorgegeben, aus dem nachher keiner der Einkäufer herausfiel. Auch das eigentliche Verhandlungsgespräch wurde intensiv vorbereitet und geplant. Beachten Sie zum Beispiel, dass der Verkäufer wörtlich „Die Firma hat uns den althergebrachten Bonus gestrichen" sagt. Was für ein Unterschied zu einem ebenso richtigen, aber undurchdachten „Ich muss Ihnen leider mitteilen, dass wir Ihnen den üblichen Bonus dieses Jahr nicht geben können."

Der Link in die Zukunft

Jetzt kommen wir zum **3. und letzten Punkt unserer Agenda-Planung, der Frage: „Was ist der nächste Schritt?"** Hier geht es darum, so konkret wie möglich zu werden. Es ist der so wichtige Link vorwärts in die nächste Verhandlungsrunde oder zum Abschluss hin.

Beispiel

> *Für eine frühe Verhandlungsrunde plant der Einkäufer als nächsten Schritt: „Der Verkäufer liefert ein Muster, damit sich unsere Produktion das ganz genau anschauen kann."*

Wer den nächsten Schritt plant, der denkt automatisch auch darüber nach, was erfüllt sein muss, damit dieser nächste Schritt überhaupt Sinn macht. Um beim Beispiel von eben zu bleiben: Macht es Sinn, dass sich die Produktion ganz genau mit einem Muster befasst, dessen Hersteller nicht die benötigte Menge liefern kann? – Besser, der Einkäufer klärt das vorher, nicht wahr? Der nächste Schritt ist eine Übereinkunft beider Parteien. Das heißt, der nächste Schritt, egal von welcher Seite der Vorschlag kommt, muss verhandelt werden. Ist der nächste Schritt festgelegt und akzeptiert, schafft das für beide Seiten Sicherheit.

Nicht selten sieht man, dass Verkäufer, die es versäumen, den nächsten Schritt korrekt zu verhandeln, vom Gegenüber richtig in die Spur geschickt werden. Aus lauter Freude und auch aus Angst, dass es in letzter Minute noch schief geht, will der Verkäufer schnell zum Abschluss kommen: „Ich mache dann den Vertrag fertig, so wie wir das jetzt besprochen haben und schicke ihn Ihnen in den nächsten Tagen zu. Okay?" Okay, sagt der Einkäufer und bittet gleichzeitig darum, dass dieses oder jenes vom Verkäufer noch vorher erledigt wird. Der verspricht prompte Erledigung. Und kaum ist er zu Hause, hat er schon eine E-Mail des Verkäufers im Postfach mit noch einem „Vorab-Auftrag". Dieses Spiel kann weitergehen, auch dann, wenn der Einkäufer den Vertrag längst vorliegen hat. Warum sollte er ihn unterschreiben und zurückschicken, solange er die Konditionen ohne Gegenleistung verbessern kann? Wie lange rennt der Verkäufer mit heißem Kopf zu den eigenen Leuten, um zu sehen, was die Firma noch alles für den Kunden tun kann? Nun, das kann lange gehen und sehr kostspielig werden.

Wer auf seiner Agenda den „nächsten Schritt verhandeln" stehen hat und ihn auch verhandelt, der vergewissert sich und auch sein Gegenüber, dass es genau diesen einen nächsten Schritt gibt und nichts anderes. Bevor man also am Ende der Verhandlung seinen Vorschlag für den nächsten Schritt macht, muss man dem anderen die Gelegenheit geben, alles auf den Tisch zu bringen, was er für wichtig hält. Es gibt keinen Schnellschuss am Ende mit einem halb „gefischten" Okay des anderen. Ein Beispiel, wie man die Verhandlung des nächsten Schrittes einleiten kann:

„Es sieht so aus, als hätten wir das Wichtigste besprochen. Wie sehen Sie das? Was sollten wir noch besprechen, bevor wir an den Vertrag gehen?" – Solange der andere noch etwas zu besprechen hat, solange wird der nächste Schritt nicht gegangen. Sobald er nichts mehr vorbringt: „Haben wir aus Ihrer Sicht wirklich alles besprochen, was notwendig ist?" – Ja des anderen – „Okay, dann wird unser nächster Schritt das Unterzeichnen des Vertrags sein. Wollen Sie das auch oder wollen Sie das noch nicht?" – Jetzt hatte der andere drei Gelegenheiten, alles auf den Tisch zu bringen. Und wir haben ihm ganz klar die Möglichkeit gegeben, „Nein" zum nächsten Schritt zu sagen. Wenn er jetzt Ja sagt, dann hat er uneingeschränkt Ja gesagt. Wir können jetzt jeden Sonderwunsch ruhigen Gewissens auf nach „unserem nächsten Schritt" vertagen, und er wird es akzeptieren.

Sobald wir eine Agenda haben, haben wir den Rahmen abgesteckt und wissen, wo wir hinwollen, besonders dann, wenn wir in der Verhandlung mal vom Pfad abkommen. Wir haben jetzt alles, was verhandelt werden muss, auf unserer Agenda. Das heißt, wir haben es vor der Verhandlung aufgeschrieben. Es ist allerdings nicht gut, ganze Sätze aufzuschreiben und dann abzulesen. Am besten machen Sie sich Stichpunkte und Halbsätze auf dem Agenda-Papier, das Sie mit in die Verhandlung nehmen. Versuchen Sie so knapp und präzise wie möglich zu sein. Das schaffen Sie, wenn Sie Ihre

Agenda vor der Verhandlung mehrmals durchgehen und die Punkte „proben". Sie müssen das Papier in der Verhandlung auch nicht verstecken. Der andere darf merken (er sollte nicht unbedingt lesen können), dass Sie strukturiert vorgehen, das verschafft Ihnen Respekt. Lassen Sie Platz zwischen den einzelnen Punkten, sodass Sie die Agenda auch gleich für Notizen nutzen können.

Ihre Agenda ist nicht nur Ihr Pfad durch den Dschungel einer Verhandlung, allein schon die Erarbeitung der Agenda macht Sie topfit für die Verhandlung. Es ist die bestmögliche Vorbereitung. Gehen Sie in keine Verhandlung mehr ohne eine gute Agenda.

Die folgende Abbildung 3 zeigt eine Beispiel-Agenda, wie sie für Ihre Verhandlungen aussehen könnte. Der erste Agenda-Punkt „Was will der andere erreichen?" ist unterteilt in Einkauf und Produktion, weil in unserem Beispiel der ABC GmbH beide ganz unterschiedliche Dinge erreichen wollen. Darauf muss man auch in der tatsächlichen Verhandlung eingehen. Und weiterhin wissen wir aus einem vorangegangenen Gespräch, dass die Produktion keinen großen Wert auf Maßgenauigkeit legt. Gerade das, geringe Maßtoleranzen, ist eine unserer Stärken, die wir aber bei ABC nicht ausspielen können. Deshalb wird es vermerkt. Schließlich schreiben wir noch Stichpunkte und Halbsätze für wichtige Fragen auf, die uns beim Ausarbeiten der Agenda automatisch kommen.

Agenda: Treffen mit Einkauf ABC GmbH wegen Bauteil X12

Termin: 12.12.2007 / 14:00 – 17:00 Uhr

Ort: _____

Teilnehmer: _____

Was will ABC GmbH?
- *Einkaufsabteilung*
  - ❏ Eine aufgebrachte Produktionsabteilung beruhigen
  - ❏ Dauerhaft verantwortlichen Ansprechpartner bei uns
  - ❏ ...
- *Produktion*
  - ❏ Flexible Just-in-Time-Lieferung
  - ❏ Toleranzen in der Qualität sind großzügig
  - ❏ ...

Was wollen wir?
- ❏ Alleiniger Lieferant für Bauteil X12 werden
- ❏ Schon bald weitere Bauteile aus unserem Programm liefern
- ❏ ...

Was ist der nächste Schritt?
- ❏ Wir liefern eine erste Charge zum Testen, ohne Abstriche im Preis.

Wichtige Fragen in Stichpunkten

Bedarf an Bauteilen / Jahr? _____

Was genau versteht man unter „flexibel"? (in Tagen ausgedrückt) ___

... _____

Abbildung 3: Beispiel-Agenda

Commitment

Ich versuche immer, Anglizismen nur dann zu benutzen, wenn sie mehr Fülle und Bedeutung haben als eine deutsche Übersetzung. Commitment ist so ein Fall. Es steht für eine ganze Palette von Begriffen, die alle verschiedene Nuancen von „Zustimmung" ausdrücken: *Übereinstimmung, Verpflichtung, Verbindlichkeit, Engagement, Zusage, Hingabe* und noch einige mehr. Commitment, wie ich es hier benutzen werde, steht für *„sich festlegen auf etwas"* oder auch *„einen Standpunkt einnehmen"*. Wer die Sache mit dem Commitment durchschaut und sich nutzbar machen kann, hat den Schlüssel zum Verhandlungserfolg in der Hand. Es ist das wichtigste Konzept in der Kommunikation, wenn es um Verhandlungen geht.

Commitment muss man immer aus zwei Perspektiven betrachten. Da ist zum einen unser Ziel, dass der andere sich festlegt und zu seinen Entscheidungen steht, und zum anderen das eigene „feste Stehen". In Kapitel 1 haben wir schon gesehen, dass andere spüren, wenn man aus seiner selbstsicheren Mitte geraten ist, und es zu ihrem Vorteil nutzen. Unsicherheit kann verschiedene Gründe haben. Sie entsteht zum Beispiel, wenn man schlecht vorbereitet ist oder das Gegenüber auf einer deutlich höheren Hierarchiestufe, auf einem Sockel steht.

Beispiel

Ich hatte einmal einen Klienten in einer Beratung, dem schier Unglaubliches widerfahren war. Er hatte als kleiner Selbständiger in der Serviceabteilung eines gefeierten deutschen Global Players telefonisch kalt akquiriert. Bei seinem ersten Anruf in der Serviceabteilung geriet er an den Vorstandsvorsitzenden. Auf sein ungläubiges „Sie machen sich über mich lustig, nicht wahr? Sie sind nicht Herr A." sagte der andere: „Doch, doch. Manchmal lasse ich mir Telefonnummern aus bestimmten Bereichen unseres Unternehmens zuleiten, um das Gespür dafür zu behalten, was bei uns und bei den Kunden los ist." Und dieser CEO war nicht irgendeiner, sondern seinerzeit fast täglich in allen Medien, er war ein Rockstar-CEO. Mit klopfendem Herzen machte der Anrufer sei-

nen Vorschlag und bekam tatsächlich einen halbstündigen Termin beim CEO, um über sein Angebot zu diskutieren.

Der große Tag kam, das Gespräch verlief gut, der CEO befand „gute Sache" und delegierte die weiteren Verhandlungen an einen anderen auf Vorstandsebene. Gemeinsam mit der Chefsekretärin wurde ein Termin mit der Sekretärin des Bereichsvorstands festgelegt. Auch dieses Gespräch – keine Viertelstunde – verlief gut. Auch hier wurde die eigentliche Verhandlung über die Sekretärinnen delegiert. Das Spiel wiederholte sich so oder so ähnlich auf weiteren Hierarchieebenen, bis er schließlich beim wahren Entscheider gelandet war. Tja und der sagte dann: „Tut mir leid. Kein Bedarf!" Sehr bitter, aber er war rausdelegiert.

Was war da passiert? Nun, man kann im Nachhinein nur spekulieren. Aber alles deutet darauf hin, dass mit Ausnahme des CEO alle anderen zu hoch Angesiedelten die Unsicherheit des Anbieters erkannt und genutzt haben, um ihn rasch loszuwerden. Er war von der Situation überwältigt, mit den Top-Dogs zu verhandeln, und wusste nicht, was er fordern sollte. Eine durchdachte Agenda hätte hier gut geholfen.

Wie wäre er wahrscheinlich erfolgreicher gewesen? Er hätte versuchen müssen, den CEO für das Projekt direkt ins Boot zu holen. Der 3. Punkt auf der Agenda: „Der CEO unterstützt mein Angebot direkt beim wahren Entscheider, Herrn X." – Wie hätte es zehn Hierarchiestufen tiefer gewirkt, wenn der CEO Herrn X angerufen hätte: „Jetzt kommt gleich Herr Y bei Ihnen vorbei mit einem sehr interessanten Vorschlag. Schauen Sie sich das mal genau an und berichten Sie mir, was Sie davon halten." Da hätte Herr Y aber etwas anderes gehört als „Tut mir leid. Kein Bedarf!"

Unsicherheit entsteht auch, wenn man nicht zu seiner Sache steht. Dann mangelt es am Selbst-Commitment. Wer sich mit Zweifeln plagt, ob er das richtige Produkt hat oder ob er gute Entscheidungen treffen kann, darf das nicht auf die leichte Schulter nehmen, weil diese Zweifel ein sehr begrenzender Faktor für erfolgreiches Verhandeln sind. In den seltensten Fällen lassen sich solche Knoten jedoch alleine lösen. Sie kennen die Sprichwörter „im eigenen Saft schmoren" oder „sich ständig im Kreise drehen": Ohne kompetente Partner kann man sich aussuchen, ob man lieber bis zum Verdampfen hochkocht oder bis zum Kollaps überdreht. Mit kompetente Partner meine ich nicht unbedingt professionelle Beratung oder Coaching, im ersten Schritt helfen oft auch Kollegen oder Vorgesetzte wirklich weiter, mit denen man seine Bedenken ernsthaft diskutieren kann. Was keinesfalls weiterhilft, sind Jammerzirkel – alle schimpfen auf das eigene Unternehmen – und planlose Motivationsseminare, die kurzfristig pushen und die Leute nach noch kürzerer Zeit noch leerer, diesmal richtig ausgebrannt, zurücklassen.

Damit das klappt mit Kollegen und Vorgesetzten als Partner, muss eine Atmosphäre des gegenseitigen Respekts im Unternehmen bzw. der Abteilung herrschen. Wer Probleme thematisiert und nicht ernst genommen oder dafür gar in die Pfanne gehauen wird, macht das kein zweites Mal. Und auch die anderen, die es beobachtet haben, werden lieber „verschmoren" als sich öffnen. Sind die atmosphärischen oder auch „firmenkulturellen" Voraussetzungen jedoch da, dann kommt es darauf an, rasch für erste kleine Erfolgserlebnisse zu sorgen. Das heißt, Reden alleine reicht nicht, es muss so schnell wie möglich ein Projekt angegangen werden. Ob sich Kollegen gegenseitig bei einem Projekt unterstützen, oder ob ein Vertriebs- oder Einkaufsleiter einmal mit an die Front geht, wie auch immer das Projekt aussieht, wichtig ist das Aha-Erlebnis dabei. Hier ein Beispiel aus meiner Praxis, das klarmacht, worum es geht.

Beispiel

Der Geschäftsführer eines 20-Mann-Unternehmens, das technische Prozesslösungen für mittelständische Kunden herstellt, kommt auf Empfehlung eines seiner Kunden auf mich zu mit der Anforderung, ihm bei der Auswahl eines Vertriebsleiters zu helfen. Die Situation, wie ich sie vorfinde, kann man getrost als katastrophal bezeichnen. Innerhalb eines halben Jahres waren drei Vertriebsleiter da. Der erste der drei war mehrere Jahre sehr erfolgreich an Bord, hat sich irgendwann mit dem Geschäftsführer (ein Ingenieur, der mit Vertrieb nicht viel am Hut hat) überworfen und ist in einer Nacht- und Nebelaktion gegangen, nicht ohne die

Interessenten-Pipeline mitzunehmen. Zurückgelassen hat er zwei junge Leute, keine 25 Jahre, die ihm zugearbeitet haben, ohne dass sie wirklich als Verkäufer entwickelt worden wären. Danach waren zwei Vertriebsleiter da, von denen einer laut Geschäftsführer ein „Windbeutel" war. Der andere ist nach einigen Wochen gegangen, weil er offenbar ein interessanteres Angebot hatte. Nach einigen Gesprächen mit den beiden jungen Vertriebsleuten bekomme ich heraus, dass alle drei Vertriebsleiter der Ansicht waren, das Unternehmen hinke dem Wettbewerb stark hinterher und das Produkt ließe sich, so wie es ist, nicht mehr verkaufen.

Der Geschäftsführer ist da ganz anderer Meinung und zählt Alleinstellungsmerkmale auf. Ich kürze die Sache jetzt hier ab. Im Gegensatz zum Vertrieb herrschte in den anderen Abteilungen mit Kundenkontakt, Produktentwicklung und Support, eine zuversichtliche und kollegiale Atmosphäre. Und es gab tatsächlich nicht wenige Kunden, die absolut überzeugt von Produkt und Service waren und hinter dem Unternehmen standen.

Es war offensichtlich: Der Vertrieb war ohne Bindung zum Rest des Unternehmens. Das war einerseits auf den alten Vertriebsleiter zurückzuführen, dem offenbar sehr daran gelegen war, dass ihm niemand in die Karten schaut, und andererseits auf den Geschäftsführer, der als Ingenieur den Vertrieb eher als notwendiges Übel, denn als wichtige Unternehmenseinheit gesehen hat. Grundsätzlich herrschte im Unternehmen eine gute Atmosphäre und der Geschäftsführer war absolut willens, zukünftig auch den Vertrieb einzubeziehen. Ich habe den Vorschlag gemacht, keinen betriebsfremden Vertriebsleiter einzustellen, sondern die beiden Vertriebsleute zu entwickeln, um zu sehen, ob einer der beiden die nötigen Qualitäten hat.

Um die falsche Vorstellung vom geringen eigenen Wert zu eliminieren und das Selbst-Commitment im Vertrieb zu wecken, haben wir die fünf aktivsten der begeisterten Kunden zu einem Round-Table eingeladen, bei dem ihre Wünsche zur kommenden Produktentwicklung diskutiert wurden. Wichtigster Effekt dieser Veranstaltung: Der Vertrieb sollte sehen, dass das Produkt sehr wohl marktfähig ist und es Kunden gibt, die begeistert damit arbeiten.

Das Ergebnis trat ein wie geplant. Die beiden Verkäufer haben sich selbst committet und nach wenigen Monaten lief der Vertrieb wieder rund.

 Merke! Um zu seiner Sache stehen zu können, reicht es nicht, von Werten zu hören oder zu lesen oder einfach nur immer wieder ein paar Motivationsfloskeln (Wir sind die Besten!) aufzusagen. Selbst-Commitment kann nur durch Erleben wachsen.

Warum ist es für das Selbst-Commitment so wichtig „mit eigenen Augen gesehen zu haben" oder „am eigenen Leib erfahren zu haben"? Ihre Standfestigkeit und Zuversicht wird in Verhandlungen aufs Schärfste herausgefordert werden. Ihre Gegenüber wollen Sie ins Wanken bringen, um daraus Vorteile für sich zu ziehen. In solchen Situationen „überlebt" nur, wer festen Boden unter den Füßen hat. Und den bekommt man nicht, nur weil andere einem etwas erzählt haben. Die nötige Standfestigkeit hat der, der überzeugt ist, weil er auf Erfahrung zurückgreifen kann, weil er „mit eigenen Augen gesehen hat."

 Übung: Wie Sie laufend Ihr Selbst-Commitment nähren

Unser Selbst-Commitment ist kein Selbstläufer. Es will gepflegt und genährt werden, um immer voll zu unserer Verfügung zu stehen. Die wichtigste Nahrung sind Dank und Anerkennung. Stellen Sie sich vor, Sie hätten ein Selbst-Commitment-Konto, so wie Sie ein Bankkonto haben. Da gibt es auf der einen Seite Einzahlungen und auf der anderen Auszahlungen. Die Auszahlungen kennen wir bereits: Es sind die Situationen, in denen wir souverän zu unserer Sache stehen. Betrachten wir einmal die Einzahlungs-Vorgänge genauer. Auf unser Konto können wir selbst und auch andere einzahlen.

Fortsetzung Übung: Wie Sie laufend Ihr Selbst-Commitment nähren

Buchen Sie Einzahlungen von anderen auf Ihr Selbst-Commitment-Konto. Wie sehen solche Einzahlungen aus? Da sagt ein Kunde Dankeschön, weil Sie eine problematische Situation schnell und gut gelöst haben. Wie reagieren Sie? Gehören Sie zu denen, die „Ist schon okay, ist ja mein Job" sagen oder noch schlimmer etwas denken wie: „Der soll nicht quatschen. Es reicht, wenn er seine Rechnungen bezahlt"? – Dann haben Sie Ihr Konto dichtgemacht für fremde Einzahlungen. Genauso zu ist das Konto, wenn jemand auf Anerkennung von Kollegen oder Vorgesetzten abwertend reagiert. Anstatt die Anerkennung auf die Guthaben-Seite zu buchen, kommt dann vielleicht so etwas: „Das hat mich zwei Stunden gekostet und wäre überhaupt nicht nötig gewesen, wenn X seinen Job richtig machen würde."

➤ Gehen Sie jetzt in Gedanken die letzten Tage durch. Da gab es sicher die eine oder andere Situation, in der Sie Dank und Anerkennung von anderen bekommen haben. Wie sind Sie damit umgegangen? Wenn Sie Dank und Anerkennung zukünftig sicher als Einnahme buchen wollen, dann werten Sie sie keinesfalls ab (ist ja mein Job; nicht der Rede wert; hätte jeder andere auch so gemacht; ..), denn was Sie sagen, das wirkt auch nach innen. Sie selbst reden Ihre Leistung „klein". Tun Sie statt dessen Folgendes:

➤ Bei einer Anerkennung bedanken Sie sich. Man kann sich graduell ganz unterschiedlich bedanken. Das geht je nach Situation vom einfachen „Danke" bis zum „Ich kann Ihnen gar nicht sagen, wie viel es mir bedeutet, das gerade von Ihnen zu hören." – Wichtig dabei ist, dass man nicht doch noch, im Nebensatz quasi, abwertet: „Danke. Aber ich kann Ihnen sagen, das war eine Plackerei. Nochmal mache ich das nicht." Probieren Sie es in den nächsten Tagen aus, nehmen Sie Anerkennung vorbehaltlos an und bedanken Sie sich im Gegenzug dafür.

> **Fortsetzung Übung: Wie Sie laufend Ihr Selbst-Commitment nähren**
>
> ➤ Bei einem Dankeschön zeigen Sie einfach, dass Sie sich darüber freuen, und geben den Dank zurück: „Toll, dass Sie sich die Zeit nehmen, mich anzurufen und mir das zu sagen. Herzlichen Dank."

Wenn Sie sich so verhalten, stellen Sie sicher, dass andere einzahlen können und wollen. Ihre Guthaben-Seite im Selbst-Commitment-Konto wird rasch und stark wachsen.

Noch ein Wort zu Dank oder Anerkennung von der falschen Seite. Wer sehr nach Anerkennung dürstet, der wird schnell leichte Beute und läuft Gefahr, benutzt zu werden. Man sollte Dinge tun, weil sie notwendig und richtig sind, weil sie zu einem wichtigen Resultat für das Geschäft führen und nicht, weil man dafür vielleicht gelobt wird. Wer arbeitet, um gelobt zu werden, ist auf dem falschen Weg.

Ein ganz anderes Problem mit Lob und Anerkennung haben nicht selten Vorgesetzte, wenn es von Untergebenen kommt. Sie kennen das „Wer lobt, ist der Chef" und fürchten um ihre Autorität und den Respekt, wenn sie Lob von „unten" zulassen. Diese Sorge kann berechtigt sein, und dann muss dem falschen Lober gesagt werden, was er hören muss. Gegen eine ernstgemeinte Anerkennung ist aber nichts einzuwenden. So ein Lob kann man als Vorgesetzter annehmen, trotzdem „eins drüber" bleiben und zusätzlich den Mitarbeiter noch motivieren:

> *Mitarbeiter zum Chef: „Wie Sie das gelöst haben. Ich bin absolut begeistert."*
>
> *Antwort eines Chefs, der um seine Position fürchtet: „Jetzt wissen Sie, warum ich Ihr Chef bin."*
>
> *Antwort eines selbstbewussten Chefs: „Tja, gekonnt ist gekonnt. Wollen Sie es auch lernen?"*

> **Tipp!**
> Nehmen Sie sich für die nächsten Tage vor, auf Anerkennung von anderen zu achten. Sensibilisieren Sie sich dafür. Bedanken Sie sich beim anderen und beobachten Sie, wie das Guthaben auf Ihrem Selbst-Commitment-Konto wächst.

Das Commitment des anderen

Ohne Commitment des anderen gibt es keinen echten Fortschritt in Verhandlungen. Anders gesagt: Nur wenn wir das Commitment zu einem Verhandlungspunkt haben, können wir sinnvoller Weise zum nächsten gehen.

Beispiel

Verkäufer zum Einkäufer: „Welche Fragen haben Sie noch zu den Lieferkonditionen?" „Ich denke, wir haben es; keine mehr", antwortet der Einkäufer. Verkäufer: „Ist das, was ich Ihnen angeboten habe, das, was Sie wollen, oder fehlt noch etwas?" Einkäufer: „Das ist okay. Es fehlt nichts." Verkäufer: „Sehr schön. Dann können wir die Lieferbedingungen als geklärt abschließen." Er macht eine Pause und wartet auf die nonverbale Zustimmung, beispielsweise ein Kopfnicken. Und dann erst geht er zum nächsten Punkt: „Ich schlage vor, dass wir als nächstes ..."

Der Verkäufer hier im Beispiel hat keine Eile und er drängt nicht. Ihm ist wichtig, dass der Verhandlungspunkt Lieferkonditionen völlig geklärt und vom Einkäufer als o.k. abgehakt wird. Der Einkäufer hat dreimal die Möglichkeit, die Verhandlung offenzuhalten, und er sagt dreimal (einmal davon nonverbal): „Ich bin einverstanden damit, so wie es ist." Er gibt damit ein ihn sehr stark bindendes Commitment. Die Lieferkonditionen betrachtet er als ausverhandelt und akzeptiert. Die wird er nicht erneut auf den Tisch bringen.

Die Doppelt- und Dreifach-Naht ist nicht unbedingt nötig. Manchmal reicht ein schnell und geschickt gewonnenes „Ja" aus, um einen anderen auf etwas festzulegen. Vielleicht kennen Sie auch die Situation, dass Sie, um jemanden loszuwerden und dabei nicht zu unwirsch zu erscheinen, sagen: „Ich kümmere mich darum. Jetzt nicht, aber am Montag." Und dann am Montag denkt man: „So ein Mist. Warum hast Du nicht gleich ‚Nein' gesagt." – Nur jetzt „Nein" zu sagen, das ist nicht mehr möglich, nicht wahr? Wir hatten, wenn auch nur mit halbem Herzen, zugesagt. Jetzt müssen wir uns auch kümmern. Das sind wir nicht nur dem anderen, sondern auch uns selber schuldig.

Was hier ins Spiel kommt, nennt die Sozialpsychologie „Konsistenz". Ganz deutlich wird das Prinzip in dem Sprichwort: „Wer A sagt, muss auch B sagen." Wir wollen nicht als unzuverlässig dastehen oder als einer, der keine Meinung hat. Deshalb versuchen wir, uns konsistent, also nicht im Widerspruch zu uns selbst zu verhalten. Müssen wir uns doch einmal korrigieren oder können etwas nicht halten, was wir versprochen haben, dann kommen wir nicht selten innerlich in einen Konflikt. Und nicht jeder ist in der Lage, wie Konrad Adenauer mangelnde Konsistenz einfach wegzuwischen mit: „Was stört mich mein Geschwätz von gestern", nachdem ihm als Bundeskanzler vorgehalten wurde, er hätte doch kürzlich noch eine ganz andere Position vertreten.

Konsistentes Verhalten bedeutet: Wenn wir einmal Position bezogen haben, dann werden wir sie auch zu halten versuchen. Der Sozialpsychologe Robert B. Cialdini[5] stellt die Macht des Konsistenzprinzips, das Streben nach Konsistenz, als zentrales psychologisches Motiv heraus und fragt (S. 91 ff.): *„Ist dieser Hang zur Konsistenz wirklich so stark, dass er uns dazu bringt, Dinge zu tun, die wir ansonsten nicht täten? Diese Frage kann man nur mit ja beantworten. Das Bestreben, konsistent zu sein – und nach außen hin zu erscheinen – ist die Grundlage für eine äußerst wirkungsvolle Waffe der Einflussnahme und führt oft dazu, dass wir etwas tun, womit wir eindeutig gegen unsere ureigenen Interessen verstoßen."* Ein hoher Grad an

---

[5] Cialdini, Robert B., Die Psychologie des Überzeugens, Bern 2004

Konsistenz wird mit persönlicher und intellektueller Stärke in Verbindung gebracht und signalisiert Stabilität, Vernunft und Ehrlichkeit. Alles Eigenschaften, die in unserer Kultur sehr erwünscht sind und zu hohem Ansehen führen.

Für uns als Verhandler ist Konsistenz unter zwei Gesichtspunkten besonders wichtig:

➤ Wir müssen aufpassen, dass wir nicht gegen unsere Interessen handeln, nur um konsistent zu erscheinen.

➤ Es ist gefährlich, für ein Commitment des anderen auf sein konsistentes Verhalten zu bauen.

Betrachten wir eine Situation, wie sie in Verhandlungen ganz regelmäßig vorkommt, um die beiden Fälle zu beleuchten. Nehmen wir an, der Einkäufer hätte dem Verkäufer eindringlich erklärt, dass er immer absolut kostenbewusst entscheidet. Die Verhandlungen sind in der finalen Runde, zwei Wettbewerber sind noch übrig. Unser Verkäufer hier hat zwar das billigere Angebot, das Produkt des Wettbewerbers wird jedoch von der Produktionsabteilung des Einkäufers favorisiert. Das hat der Verkäufer herausbekommen und versucht den Einkäufer auf dessen Konsistenz festzunageln: „Sie sind einer der härtesten und kostenbewusstesten Einkäufer in der gesamten Branche. Und Sie haben mir am Anfang gesagt, bei diesem Geschäft ist das günstigste Angebot das beste. – *Pause, um Zustimmung wie z. B. Kopfnicken abzuwarten* – Ich habe alles gegeben und mein Angebot ist das beste."

Der Einkäufer steckt jetzt in einer Zwickmühle. Da ist einerseits die Produktionsabteilung, die das teurere Produkt bevorzugen würde (und damit Mitentscheider und in der Verantwortung wäre), und andererseits steht sein Ruf als „scharfer Hund", der den besten Preis kriegt, auf dem Spiel – vor sich selber und in der Branche. Was wird er tun?

Wenn er unerfahren oder vielleicht gerade in einem emotionalen Tief ist oder wenn er ein zu ausgeprägtes Ego hat, dann schluckt er wahrscheinlich diesen Köder und gibt unserem Verkäufer den Zuschlag. Ihm ist es unbewusst wichtig, konsistent zu erscheinen. Wenn er jedoch aus seiner Mitte heraus agiert, dann hat er den Kopf frei und kann abwägen, was wirklich die beste Wahl ist. Und jetzt hat er mindestens zwei Möglichkeiten zur Auswahl:

- Er kann wie Adenauer sagen: „Was stört mich mein Geschwätz von gestern, das wichtigste ist, dass unsere Produktionsabteilung voll hinter der Entscheidung steht. Ich gebe dem Wettbewerber den Auftrag."

- Er kann aber auch sagen: „Die Produktion kann auch mit dem günstigeren Produkt die erwartete Leistung bringen. Die wissen, dass wir im Moment keine großen Sprünge machen können, und werden nicht zu sehr enttäuscht sein. Ich gebe dem Verkäufer hier den Auftrag."

Und wenn unser Verkäufer an einen professionellen Einkäufer gerät, der seine emotionalen Bedürfnisse unter Kontrolle hat, dann hat er schlechte Karten, falls er rein auf konsistentes Verhalten baut, um Commitment zu bekommen. Stark, fast ausschließlich auf Konsistenz bauen vor allem Verhandler, die andere eher überreden, als mit ihnen Geschäfte zu verhandeln. Der Appell an die Konsistenz ist ein Pfeil im Köcher des Verhandlers, man darf es nicht übertreiben, weil es, erst mal durchschaut, Misstrauen weckt.

Wie holt man sich jetzt ganz stabiles Commitment vom anderen? Wie schafft man es, dass andere zu ihren Entscheidungen stehen? Die Antwort ist recht einfach: Man muss sie wirklich Entscheidungen treffen lassen. Und hier kommt wieder das „Ein Nein ist so gut wie ein Ja" ins Spiel. Nur wer Nein sagen darf, der sagt auch wirklich Ja. Schauen Sie sich noch einmal das Beispiel zu Beginn des Abschnitts an, in dem der Verkäufer den nächsten Schritt der Verhandlung dreimal absichert. Und das geht vom Prinzip her so:

✓ Haben wir zu diesem Punkt alles besprochen, oder gibt es noch offene Punkte?

✓ Dann halten wir fest, dass ...

✓ Habe ich dazu Ihr Okay oder nicht?

Wer auf diese Art den anderen festlegt oder einen Standpunkt einnehmen lässt, ist vor unliebsamen Überraschungen sicher. Da muss schon wirklich etwas Außergewöhnliches passieren (was immer einmal vorkommen kann), damit der andere sein „Wort bricht".

Bedürftigkeit

Wir haben schon mehrmals über einen nachteiligen Zustand für einen Verhandler gesprochen, ohne ihn explizit zu benennen: Bedürftigkeit. Und Bedürftigkeit hat viele Facetten:

- Konsistent sein zu wollen, ist eine Form von Bedürftigkeit. Wenn man A gesagt hat, will man fast schon zwanghaft auch B sagen.
- Ein Etikett anhaften haben und dieses Etikett „bedienen" wollen ist Bedürftigkeit. Erinnern Sie sich an das erste Kapitel und das Beispiel mit Sadat und Kissinger?
- Emotional angeschlagen bzw. aufgekratzt sein führt zu Bedürftigkeit. Auch dafür haben wir Beispiele im ersten Kapitel gesehen.

Die auffälligste und auch gefährlichste Form von Bedürftigkeit ist die, die direkt mit dem Produkt zusammenhängt. Für Einkäufer ist es, etwas **„unbedingt haben zu müssen"**, und für den Verkäufer, etwas **„unbedingt an den Mann bringen zu müssen"**. Es spielt dabei keine Rolle, ob wir uns diesen Druck selbst aufbauen oder ob er vom anderen in uns erzeugt wird, „bedürftig sein" macht aus uns schlechte Verhandler.

Man kennt das ja von der Verkäuferseite: „Kaufen Sie jetzt! Nur noch drei Stück auf Lager." Oder der vertrauliche Anruf: „Eigentlich darf ich das gar nicht sagen, aber wir erhöhen zum 1. August die Preise um sieben Prozent. Wenn Sie noch im Juli – jetzt gleich – ordern, ..." Der Trick dabei heißt *Mach' es dringlich!*: „Wenn du, lieber Einkäufer, jetzt nicht zuschlägst, dann verpasst du ‚die' Gelegenheit. Wer weiß, ob du noch einmal diese Chance bekommst."

Was viele allerdings nicht wissen: Das funktioniert auch anders herum. Und ein gewiefter Einkäufer weiß, wie er Bedürftigkeit beim Verkäufer schafft. Dazu ein Beispiel, wie ich es in meinen E-Coachings immer wieder sehe und höre. Einer meiner Coachees, ein IT-Verkäufer, schreibt mir Folgendes in einer E-Mail.

Beispiel

Letzte Woche – um genau zu sein am 28.6. – rief ein Interessent im Büro an und wollte dringend eine Einzellizenz haben. Er hatte das Programm im letzten Jahr getestet, konnte sich damals nicht entscheiden, brauchte es aber nun sehr schnell. Er wollte noch eine Variation im Programm, was aber kein Problem war, weil wir das ohnehin umsetzen wollten. Die Anpassung haben wir halt vorgezogen.

Am 29.6. habe ich dann mit ihm gesprochen. Habe ihm den Preis mitgeteilt und wie das Procedere ist (er zahlt, kriegt danach Software und Freischaltcode) und fragte, ob er noch ein Angebot darüber braucht. ... Ich habe dann mit ihm vereinbart, dass er die Rechnung vorab als PDF-Datei erhält und gleichzeitig mit der Schneckenpost.

Und jetzt schaue ich jeden Tag auf unser Konto, weil ich ihm ja umgehend die Software zukommen lassen will – aber er hat bisher noch nicht gezahlt. Wie soll ich jetzt nachfragen? Die Dringlichkeit ist offensichtlich nicht so hoch gewesen, wie er sagte. Selbst in einem großen Unternehmen ist es zu schaffen, dass innerhalb von zehn Tagen eine Zahlung rausgeht – wenn es eilt. Ich bin jetzt unsicher, ob er wirklich kaufen wollte oder nicht. Was raten Sie mir?

Unser Einkäufer hier ist mit allen Wassern gewaschen. Er hat sein Ziel erreicht. Oder besser gesagt, er hätte es um ein Haar erreicht, wenn der Verkäufer sich keine Unterstützung beim Verhandeln holen und die Situation mit einem Unbeteiligten, Erfahrenen besprechen könnte.

Was war das Ziel des Einkäufers? Nun, genau das, was der Verkäufer im vorletzten Satz sagt: „Ich bin jetzt unsicher, ob er wirklich kaufen wollte oder nicht." Um nachträglich unsicher zu werden, muss es vorher einen „Sicher-Status" gegeben haben, nicht wahr? Und das ist das sichere Gefühl beim Verkäufer: „Diesen Auftrag habe ich in der Tasche!"

An diesem Punkt stellen sich jetzt zwei Fragen:

➤ Was bezweckt der Einkäufer damit? (Warum verunsichert er den Verkäufer?)

➤ Und wie hat er das gemacht?

Unser Einkäufer hat nicht nur mit dem Dringlichkeits-Trick gearbeitet. Ich sagte es bereits, er ist mit allen Wassern gewaschen, er hat noch eins draufgesetzt. Vielleicht haben Sie entdeckt, wie der Einkäufer das Konsistenzprinzip zu seinem Vorteil benutzt? Dazu gleich mehr. Zuerst zu dem, was er bezweckt: Er will in eine Verhandlungsposition kommen, wo einem speziellen Wunsch – in der Regel Preisnachlass – kaum Gegenwehr geleistet wird. Das bezweckt er. Und er geht sehr geschickt vor.

Was genau macht er? Den ersten Kniff haben wir schon besprochen: Er macht es dringlich und erzeugt im Verkäufer das Gefühl, dass er schon verkauft hat. Jetzt greift, dass wir Menschen uns sehr schwer tun, wenn wir einmal gefasste Überzeugungen wieder revidieren sollen. Im Gegenteil, wir tun sehr viel dafür, zum Beispiel mit dem Preis heruntergehen, um vor uns selber Recht zu behalten – um konsistent zu sein. Mit anderen Worten: Der Einkäufer nutzt das Konsistenzprinzip und lässt so den Verkäufer gegen sich selbst ankämpfen.

Das ist ihm aber nicht genug. Er will auf Nummer sicher gehen und lässt den Verkäufer vorab schon investieren. Er raubt Budget. Damit meine ich die geforderte und geleistete Anpassung. Ich denke, wir alle wissen, wie schwer es ist, eine Sache verloren zu geben, in die man bereits investiert hat. Wir sind in der Regel dann sehr bedürftig!

Und noch etwas kommt jetzt dazu – nicht wenige Einkäufer legen es wissentlich genau darauf an: Unser Verkäufer steht vielleicht plötzlich bei Kollegen im Wort. Vielleicht hat er werben müssen, damit die Anpassung programmiert wird: „ ... dann unterschreibt der Kunde den Vertrag." Vielleicht hat er sogar gedroht: „Ohne die Anpassung verlieren wir den Auftrag." Wie hoch ist jetzt sein Druck beim nächsten Anruf? Und zu welchen Zugeständnissen ist ein Verkäufer in so einer Situation bereit? Ich weiß es nicht genau. Aber ich kenne Einkäufer (und natürlich auch Verkäufer), die anderen gnadenlos das Fell über die Ohren ziehen.

Was muss man tun, wenn man in solch eine Situation geraten ist?

✓ Als erstes: Klar Schiff machen. Das heißt, die eigenen Emotionen anschauen, erkennen und dann für eine Weile bei Seite packen. Die Übung „Klar Schiff machen" finden Sie in Kapitel 1.

✓ Als zweites: Aus der Defensive herauskommen und angreifen. Also anrufen und Entscheidungen fordern. Kurz: die Verhandlung führen. Dem Einkäufer muss ganz schnell klar werden: Hier gibt's nix zu häuten!

Es gibt ein Muster, das regelmäßig in bedürftige Positionen führt. Es ist die Angst vor dem Nein. Und zwar sowohl, Nein zu hören als auch Nein zu sagen. Viele scheuen sich, Nein zu sagen, weil sie fürchten, dass sie als Antwort ein Nein hören und dann raus sind aus dem Geschäft. Das ist jedoch selten der Fall, es ist meist der Beginn einer (Unter-)Verhandlung. Wer nicht kategorisch Nein sagen muss, weil er eine Forderung überhaupt nicht erfüllen kann, der sagt anstatt Ja besser „Nein, so nicht." Im Beispiel unseres Verkäufers hätte das so klingen können:

> *„Ich kann nicht so ohne weiteres in unsere Programmentwicklung eingreifen. Ich brauche einen verdammt guten Grund, damit die Geschäftsleitung zustimmt, die Entwicklung dieses Leistungsmerkmals so weit vorzuziehen. Wenn wir heute einen Kaufvertrag vorbehaltlich der Sonderleistung fertigmachen und unterschreiben, dann hätte ich diesen Grund."*

Die Antwort des Einkäufers auf diese Forderung macht dem Verkäufer vieles klar, nicht wahr? Will er das Produkt unbedingt haben und es fehlt ihm nur noch dieses eine Leistungsmerkmal? Wenn ja, dann verhandeln die beiden jetzt über die Vertragsdetails. Wenn nein, dann fragt der Verkäufer weiter, was dem Einkäufer wichtig ist, und greift nicht mit unabsehbaren Folgen in die Arbeit seiner Kollegen in der Produktentwicklung ein. Was der Verkäufer hier macht, ist nichts anderes als verhandeln. Ein Nein ist in den seltensten Fällen das Ende, viel öfter ist es der Beginn von Verhandlungen.

 Merke! Gib niemals etwas außer der Reihe, ohne dafür etwas außer der Reihe zu nehmen.

Take away

➤ Nur wer mit einer durchdachten Agenda in Verhandlungen geht, weiß immer, wo er steht und wo er hinwill. Eine Agenda zu haben und den Standort und die Richtung zu kennen, sind Grundvoraussetzungen, um die Führung zu übernehmen. Einer führt immer in Verhandlungen. Besser Sie sind das.

➤ Sie müssen zu Ihrer Sache stehen. Nur wer selber überzeugt ist, kann andere gewinnen. Und gewonnen hat man erst dann, wenn auch der andere sich festgelegt und sein Commitment gegeben hat.

➤ Wer bedürftig ist und es zeigt, schwächt seine Position sehr stark. Bedürftigkeit entsteht oft aus der Angst, „Nein" zu sagen bzw. zu hören. Üben Sie, das „Nein" als Aufforderung für Verhandlungen zu nutzen.

4 Das Verhandlungssystem

In den vorangegangenen Kapiteln haben Sie sich Fertigkeiten erarbeitet, um in bestimmten Verhandlungssituationen richtige Entscheidungen zu treffen und Ihre Sache voranzubringen. Diese Einzelfertigkeiten zusammengenommen und in Reihe gebracht ergeben ein wirkungsstarkes Verhandlungssystem. Ein ganz wichtiger Punkt beim Verhandeln ist das „Angebote machen". Sie werden in diesem Kapitel lernen, wie Sie richtig gute Angebote machen.

Systematisch verhandeln

Es gibt einen Mythos, der besagt: *„Verhandeln ist eine Art Kunst. Gute Verhandler haben ein geradezu phantastisches Talent und werden deshalb auch gern und zuverlässig von der Muse geküsst. Ähnlich wie bei einem begnadeten Musiker ‚fließt' es aus ihnen, sodass sie am Ende der Verhandlung selbst nicht sagen können, wie ‚es' zu diesem Top-Ergebnis gekommen ist."* Das ist natürlich nicht wahr. Auch die größten Talente, egal in welcher Profession, können nur dann regelmäßig und sicher Spitzenleistung abliefern, wenn sie ihr „Instrument" – das System – beherrschen. Jeder professionelle Verhandler, und professionell sind solche, denen es nicht genügt, hin und wieder einen Zufallstreffer zu landen, geht systematisch vor.

Es gibt unter den sehr erfolgreichen schon eine ordentliche Anzahl, denen gar nicht bewusst ist, dass sie systematisch verhandeln. Sie machen scheinbar intuitiv alles richtig, allerdings, wenn man genauer hinsieht, ist schnell klar: Was wie „Eingebung" aussieht, ist oft fundierte Erfahrung. Diese Leute wissen genau, was sie tun, ohne es beschreiben oder in Anweisungen fassen zu können. Sie schöpfen aus langer und tiefer Erfahrung. Und dann gibt es noch welche, die sehr viel Wert auf eine Art Aura als Verhandlungskünstler legen. Ähnlich wie Magier das Geheimnis um ihr Tun streng behüten, so ist auch diesen Professionellen sehr viel an ihrem magischen Glanz gelegen. Weil sie Verhandlungserfolge immer wiederholen können, ist klar, dass sie systematisch vorgehen. Aber über das, was sie tun, über ihr System sprechen sie nicht. Das sind im Wesentlichen die beiden Verhandlertypen, die den Mythos von der Verhandlungskunst hochhalten.

Es gibt noch einen dritten, allerdings selteneren Typ, der gerne vom Mythos spricht. Das sind Menschen, die nicht wissen, was sie tun, die auch nicht wissen, was richtig und was falsch ist in einer Verhandlung. Nicht selten hat dieser Typ Macht und kann Entscheidungen treffen.

Beispiel

Recht früh in meiner Karriere als Verhandler war ich Mitglied eines Teams, das in sogenannten Gremien-Verhandlungen wirklich Weichen gestellt hat. Das Team setzte sich aus verschiedenen „Dienstgraden" aus verschiedenen Abteilungen zusammen. Man wollte möglichst viel Know-how bündeln, weil die Verhandlungsergebnisse den Gang unseres Unternehmens stark und nachhaltig beeinflussen würden. Mein Job in diesem Team war es damals, Kopien zu machen, Folien aufzulegen, Protokoll zu führen usw. Ich war also mehr zum Lernen dabei. Und ich kann Ihnen sagen, es gab eine Lektion zu lernen.

Es stellte sich schnell heraus, dass der wirkliche Verhandlungs-Profi in unserem Team der Mann mit dem zweithöchsten Rang war. Er hatte im Verlauf der Verhandlungen (es zog sich über Monate hin) schon mehr als einmal haargenau die Reaktion der Gegenseite vorhergesagt. Er trieb die Verhandlung für uns alle erkennbar in eine bestimmte Richtung. Seine Terminansagen, wann wir was erreicht haben würden, waren beeindruckend präzise. Der Mann hatte alles im Griff, na ja, fast alles. Womit er und keiner von uns gerechnet hatte, war der Angriff von hinten. Das ranghohe Alphatier in unserem Team wollte nicht hinnehmen, dass ein unter ihm Stehender das Sagen hatte. Bis dahin hatte ich den Eindruck, dass er die Sache wohlwollend laufen ließ, weil es gut lief. Er hatte sich nie wirklich eingemischt. Aber auf einmal passte ihm der nächste Schritt nicht: „Das ist doch Quark. Da (es ging um einen Zug der Gegenseite) steckt nichts weiter dahinter als ... Das habe ich schon so oft erlebt."

Ich mach's kurz: Er bestand – kraft seines Ranges – auf einem Zug von uns, der ihm als eine Art Eingebung gekommen war. Keiner von uns konnte nachvollziehen, was für einen Sinn dieser Zug für uns machte. Was über Monate auf ein Ziel hin aufgebaut war, brachte er mit seiner Eingebung ins Wanken. Wir fielen letztendlich nicht, aber wir kamen ordentlich ins Taumeln.

Heute weiß ich, welchen Fehler wir damals gemacht haben. Wir haben das Alphatier nicht in die Gruppe integriert. Unser wirklicher Anführer, das Betatier, hätte sich nicht nur um den Gegner, sondern auch um ihn kümmern müssen (wir anderen hatten zu große Distanz und Respekt vor dem Titel). Dann hätte Alpha nicht irgendwann festgestellt, dass er gar nicht eingebunden war, nicht dazugehörte. Und ihm wäre wahrscheinlich nicht so etwas in den Kopf gekommen: *Ich gehöre nicht dazu, sondern ich stehe über denen. Und das dürfen die nicht vergessen. Ich demonstriere jetzt mal – komme, was wolle – meine Macht.*

Keine Frage, es gibt Situationen, da hat man keine Zeit zum Nachdenken oder Vorbereiten, da muss man aus dem Bauch heraus entscheiden. Geschäftsverhandlungen gehören aber in den seltensten Fällen dazu. Es kommt trotzdem recht häufig vor, dass Entscheider aus allen Ebenen des Geschäftslebens am Glücksrad drehen, anstatt systematisch den Erfolg anzugehen.

Wohlgemerkt: Ich verteufle hier nicht den Fehler. Die einzelne Fehlentscheidung an sich ist meist nicht sehr problematisch. Wo gearbeitet wird, werden Fehler gemacht. Und falsche Entscheidungen können im weiteren Verlauf bei den Auswirkungen oft korrigiert werden. Problematisch wird es jedoch, wenn falsche Entscheidungen gehäuft oder in schneller Folge fallen. Das führt in die Verunsicherung.

Die Versicherung dagegen: Ein System, mit dem man klare Entscheidungen trifft und immer genau weiß, warum man sich so und nicht anders entschieden hat. Ein System, mit dem man automatisch auf dem richtigen Gleis ist. Und am Ende des Gleises steht der Verhandlungserfolg. Genau so ein System werden Sie jetzt kennen lernen, verstehen und schon bald anwenden. Die Grundlagen haben Sie im bisherigen Verlauf erarbeitet. Jetzt nehmen wir diese Einzelteile und fügen sie zu einem größeren Ganzen zusammen.

Die Regelprozedur

Das Grundprinzip, der Kern des Systems besteht aus einer Regelprozedur. Das heißt, wir haben eine Regel und die besteht aus mehreren Schritten (Prozedur). Betrachten wir erst einmal die Regelprozedur im Überblick und gehen anschließend ins Detail.

1. Schritt: Wir machen ein Angebot.

2. Schritt: Wir fragen nach dem Commitment des anderen.

3. Schritt: Wir beenden die Verhandlung, falls der andere sich committet (einverstanden ist) oder, falls er nicht einverstanden ist, gehen wir zum

4. Schritt: Wir fragen ihn: „Mit was vergleichen Sie?" und gehen nach seiner Antwort den

5. Schritt: Wir prüfen, ob das, was der andere „sieht", verhandelbar ist, und, falls ja, gehen wir zurück zu Schritt 1 und beginnen den Prozess mit einem modifizierten Angebot erneut. Falls es nicht verhandelbar ist, beenden wir die Verhandlung.

Um es bildhaft darzustellen, folgt die Regelprozedur noch einmal als Flussdiagramm.

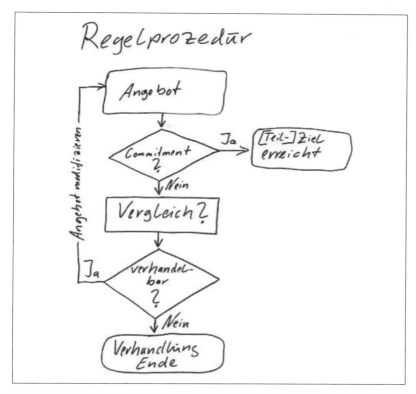

Abbildung 4: Die Regelprozedur für Verhandlungen

Die Regelprozedur im Detail

Irgendwann im Laufe einer Verhandlung müssen wir dem anderen ein **Angebot** machen, das er annehmen oder ablehnen kann. Mit anderen Worten: Wir stellen ihm eine Frage, die er mit Ja oder Nein beantwortet.

Das klingt jetzt banal, ist es aber nicht. Viele Verhandlungen kommen nicht vom Fleck oder verlaufen gar im Sand, weil keine der Parteien je ein Angebot gemacht und eine Antwort darauf eingefordert hat. Dieses Problem – es kommt kein Angebot auf den Tisch – hat meiner Erfahrung nach in den letzten Jahren an Gewicht zugelegt. Und ich vermute, dass neuere Lehren, wie sie zum Beispiel unter den Schlagworten „Consultative Selling" und „Win-win" propagiert werden, daran nicht ganz schuldlos sind. Um möglichst viel über den anderen herauszufinden, was ihn bewegt und was ihn nachts nicht einschlafen lässt, wird ein ganzer Sack voll offener Fragen gestellt, und solange der andere redet, wird keinesfalls versucht, den Abschluss zu suchen. Und so wird geredet und geredet und geredet, bis man bei absolut Nebensächlichem gelandet ist und es nichts mehr zu sagen gibt. Und dann wird eine Entscheidung gefordert? Nein, so aus heiterem Himmel in die offene Stimmung platzen, das geht nicht. Deshalb vertagt man sich, um später über das Geschäftliche zu reden. Meist hat eine Partei hinterher das gesunde Gefühl: Hier wurde meine Zeit unnütz verbraten. Es ist nicht gut für einen Verhandler, ja es ist wahrscheinlich sogar sein Ende für dieses Geschäft, wenn er als einer herüberkommt, mit dem man seine Zeit verschwendet.

Also, wir müssen zu einem bestimmten Zeitpunkt ein Angebot machen können, wie zum Beispiel

➤ Wir brauchen pro Quartal insgesamt 3 000 Stück. Können Sie schnell und flexibel Mengen bis zu 500 Stück liefern?

➤ Wir können den Ausschuss auf Null drücken. Sind Sie bereit, den höheren Preis dafür zu zahlen?

> **Merke!** Jedes Angebot ist eine Forderung an den anderen, eine Entscheidung zu treffen. In der Regel fordert ein Angebot ein Ja oder ein Nein.

Welche Informationen brauchen wir vom anderen, um ein gutes Angebot machen zu können? Darüber müssen wir vorher nachgedacht haben. Und wir müssen uns auch vorher die passenden Fragen zurechtgelegt haben, um die Informationen zu bekommen. Wie man ein gutes Angebot macht, dazu komme ich später in diesem Kapitel ausführlich.

Der 2. Schritt in unserer Regelprozedur heißt „Commitment einholen". Und **Commitment**, hatten wir im vorhergehenden Kapitel gesagt, ist mehr als ein einfaches Ja, es ist ein **Sich-Festlegen**. Lesen Sie noch einmal das Beispiel im letzten Kapitel unter der Zwischenüberschrift „Das Commitment des anderen", in dem der Verkäufer durch eine Dreifach-Naht das Commitment des anderen sicherstellt.

Wenn wir das Commitment des anderen bekommen, haben wir unser Ziel bzw. Teilziel erreicht. Die Verhandlung ist damit entweder beendet, oder, falls es ein Zwischenschritt war, geht es zum nächsten Verhandlungspunkt und die Schleife beginnt wieder mit einem Angebot.

 Merke! Wir brauchen das Commitment des anderen, bevor wir sicher zum nächsten Verhandlungspunkt gehen bzw. die Verhandlung beenden können. Ein einfaches Ja reicht nicht. Und ein Vielleicht behandeln wir wie ein Nein.

Wenn wir das Commitment des anderen nicht bekommen, gehen wir den **3. Schritt** in unserer Regelprozedur. Wir fragen den anderen: **Mit was vergleichen Sie** das Angebot? Bevor Sie gleich mehr darüber erfahren, noch kurz zu den verschiedenen Arten, wie der andere uns sein Commitment verweigert.

➤ Er kann glatt Nein sagen: „Sind Sie bereit, den Aufpreis zu zahlen?" – „Nein, das zahle ich nicht." Das ist die klarste Form, Commitment zu verweigern. Da besteht keine Gefahr, dass man das „übersieht".

➤ Er kann Vielleicht sagen: „Sind Sie bereit ...?" – „Vielleicht, das hängt davon ab, wie ..."

➤ Er kann eine Gegenfrage stellen: „Sind Sie bereit ...?" – „Wie können Sie garantieren, dass ...?"

➤ Er kann das Thema wechseln: „Sind Sie bereit ...?" – „Lassen Sie uns mal über die Lieferkonditionen sprechen ..."

➤ Er kann schweigen. Das ist die dramatischste Verweigerung. Sie soll uns ins Wanken bringen.

Wie geht man mit den verschiedenen Arten, das Commitment zu verweigern, um? Die verschiedenen Arten lassen sich in zwei Gruppen fassen. Die ersten beiden, „Nein" und „Vielleicht", bilden eine und die letzen drei die andere. Bei „Nein" und „Vielleicht" geht es direkt zur Frage „Mit was vergleichen Sie?", bei den anderen hingegen müssen wir einen kleinen Umweg gehen.

Betrachten wir als erstes die Frage **„Mit was vergleichen Sie?"**. Im Kapitel „*Sicher Entscheidungen treffen und die Führung übernehmen*" (siehe Seite 46 ff.) hatte ich das Bild mit der Waage gezeichnet und geschrieben: „ ... [Mit was vergleichen Sie?] ist die zentrale Frage, die wir unserem Gegenüber in Verhandlungen immer dann als nächstes stellen müssen, wenn er die Hürde vor unserem Angebot nicht überspringen will oder kann. Wenn wir das nicht tun, fangen wir an zu spekulieren, was meist schlecht ist." Am besten sind Beispiele, an denen Sie sehen, wie Sie die Frage nach dem Vergleich formulieren können.

Beispiel

Einkäufer: „Diesen Preis kann ich nicht akzeptieren." Verkäufer: „Okay. Was an meinem Angebot können wir wegnehmen, um mit dem Preis herunterzukommen?" – Das ist eine indirekte Frage nach dem Vergleich. Der Einkäufer muss jetzt das Angebot im Detail bewerten, und dabei legt er offen, was ihm wichtig ist und was weniger. So könnte er zum Beispiel sagen: „Die Wartung können wir mit unseren eigenen Leuten selbst übernehmen." In diesem Fall hat er die im Angebot enthaltenen Kosten für die Wartung mit den Kosten für die Selbsterbringung verglichen. Gut zu wissen für einen Verkäufer. Jetzt kann er entweder versuchen, die Leistung trotzdem zu verkaufen, er weiß ja, wo er ansetzen muss, oder er kann die Leistung herausrechnen und deshalb einen besseren Preis machen.

Eine andere Situation. Der Verkäufer sagt Vielleicht – etwa: „Hmm, ich muss sehen, ob ich das hinkriege mit der Sonderanpassung." Einkäufer: „Was lässt Sie zögern, an dieser Stelle Ja oder Nein zu sagen?" – Der Verkäufer ist jetzt gefordert offenzulegen, womit er die Forderung vergleicht. Worin liegt die Schwierigkeit für ihn? Grundsätzlich ist die Sonderanpassung offenbar möglich, sonst hätte er gleich Nein gesagt, aber sind vielleicht die Kapazitäten in seinem Unternehmen ein Engpass? Sieht er harte Verhandlungen in seinem Unternehmen auf sich zukommen oder werden Sonderanpassungen generell nur ab einer bestimmten Auftragsgröße angenommen? Der Einkäufer weiß nach der Antwort des Verkäufers, ob er mit längeren Lieferzeiten den Engpass umgehen, mit größerem Auftragsvolumen in den Sonderanpassungs-Status kommen will oder ob er es darauf ankommen lassen und „friss oder stirb" sagen will. Er hat jetzt Optionen.

Eine weitere Möglichkeit, die man auch immer in Betracht ziehen sollte, ist die einfache, direkte Frage:

➤ Mit was vergleichen Sie den Preis?
➤ Mit was vergleichen Sie die Lieferbedingungen?
➤ Mit was vergleichen Sie Leistungsmerkmal A?

Es kann sein, dass der andere nicht gleich versteht und fragt: „Was meinen Sie damit?"

➤ „Nun, Sie sagen, der Preis ist Ihnen zu hoch, nicht wahr? Nehmen wir an, Sie hätten meinen Preis als Preisschild, woran würden Sie es hängen?" (Neben das Preisschild eines Wettbewerbers oder neben die Kosten für „weitermachen wie bisher" oder ...?)

➤ „Sie sagen, unsere Lieferbedingungen können Sie so nicht akzeptieren, nicht wahr? Womit vergleichen Sie unsere Lieferbedingungen? Mit den Wareneingangsprozessen bei Ihnen, mit den Lieferbedingungen anderer Lieferanten, vielleicht mit denen anderer neuer Lieferanten?"

Wichtig ist, dass wir nicht herumstochern und spekulieren, sondern wissen, auf was wir Einfluss nehmen können. Wir müssen in Erfahrung bringen, was dem anderen im Kopf herumgeht. Die Frage „Mit was vergleichen Sie?" führt uns genau dahin.

Kommen wir zur zweiten Gruppe der Commitment-Verweigerungen. Das waren Gegenfrage, Themawechsel und Schweigen. Hier können wir nicht die Vergleichfrage stellen, sondern müssen einen Umweg gehen. Unser Gegenüber ist noch nicht bereit für unser Angebot und die Forderung daraus. Wir waren offenbar zu schnell und müssen uns nun zunächst erst einmal das Commitment holen, über den betreffenden Punkt zu sprechen. Aber auch hier können wir noch einmal unterteilen. Gegenfrage und Themenwechsel sind meist unbewusste und nicht herausfordernde Arten, einer Entscheidung aus dem Weg zu gehen. Das offensive Schweigen hingegen ist eine Herausforderung. Der andere will uns verunsichern. Er versucht, von unserem Selbst-Commitment-Konto abzubuchen. Hier jeweils ein Beispiel für den Umgang mit den beiden Commitment-Verweigerungen.

„Sie sind offenbar noch nicht so weit, dass wir über X sprechen können. Wenn wir Y (Gegenfrage, gewechseltes Thema) gleich besprochen haben, können wir dann über X reden?"

Wir zeigen, dass wir sehr wohl das Ausweichen bzw. Ablenken registrieren, und signalisieren gleichzeitig, dass das in Ordnung ist (Wenn wir Y gleich besprochen haben). Dafür, dass wir auf den Themenwechsel oder die Gegenfrage eingehen, fordern wir aber eine Entscheidung (können wir dann über X reden?). Das Ganze ist eine Mini-Verhandlung in der Verhandlung. In der Regel bekommen wir das Commitment des anderen, im Anschluss an Y über X zu verhandeln. Wenn nicht, ist das ein Alarmsignal, dass die Beteiligten offenbar aneinander vorbeireden oder dass es keine geplante Agenda gibt. Wie sonst könnte eine Partei einen Punkt auf den Tisch bringen, von dem die andere meilenweit weg ist?

> *Beim Schweiger geht man wie folgt vor: „Sie sind offenbar noch nicht so weit, dass wir über X sprechen können, oder?" – Pause machen und warten, ob eine Reaktion kommt. Wenn der andere nach fünf bis sechs Sekunden nicht anspringt, dann: „Okay. Welcher Punkt ist Ihnen jetzt wichtig?" Ab da müssen Sie mitschweigen – so lange, bis der andere redet.*

Und das kann sehr lange dauern. Manche, die darin geübt sind, nutzen offensives Schweigen als Taktik. Und wenn es jemand ganz weit treiben will, dann kombiniert er das noch mit herabwürdigendem Verhalten, wie „an die Wand schauen" oder „in anderen Akten blättern". Wenn Sie die Übung „Klar Schiff machen" aus dem Kapitel „Souverän verhandelt besser" beherrschen, kann Ihnen so ein Verhalten nichts anhaben. Mit Psycho-Tricks legt Sie keiner aufs Kreuz. In so einer Schweigeschlacht sind Sie hellwach und trotzdem entspannt.

Ob wir nun den Umweg gehen mussten oder ob wir, bei einem Nein oder Vielleicht, direkt fragen konnten, mit was unser Gegenüber vergleicht, wenn wir es herausgefunden haben, müssen wir prüfen, ob es verhandelbar ist oder nicht. Das ist unser **5. Schritt in der Regelprozedur**.

Wenn zum Beispiel die eine Partei auf 50 Prozent Vorauskasse besteht und die andere niemals im Voraus bezahlt, werden alle weiteren Verhandlungen sinnlos. Vielleicht weicht aber ein Vorauszahlungsrabatt das „Niemals" auf. Vielleicht kann der Zeitpunkt der Vorauskasse auch etwas nach hinten, in das Projekt verlagert werden, sodass es nicht mehr Vorauskasse heißt, sondern frühe Teilzahlung, womit der andere kein Problem hat. Beim Prüfen geht es darum herauszufinden, ob man eine feste Position wieder beweglich machen kann. Wenn einer jedoch kategorisch Nein sagt und man selbst keine weiteren Zugeständnisse machen kann oder will, dann ist die Verhandlung tatsächlich zu Ende.

Übung: Die häufigsten Commitment-Stopper finden

➤ Betrachten Sie Ihre letzten Verhandlungen. Benutzen Sie dazu alles, was Sie haben: Ihre Notizen, Schriftverkehr, Ihre Erinnerung. Wenn Sie Kollegen haben, die das gleiche Business betreiben wie Sie, haben alle mehr davon, wenn Sie die Aufgabe als Gruppe angehen.

➤ In aller Regel sind es immer wieder die gleichen Ihrer Teil-Angebote, bei denen Ihr Gegenüber sein Commitment verweigert. Es gibt bestimmte Stellen in Verhandlungen, bei denen es häufiger als an anderen immer wieder hakt. Welche sind das bei Ihnen? Wahrscheinlich sind es nur zwei oder drei, schreiben Sie es trotzdem auf.

➤ Mit welchen Fragen finden Sie heraus, ob der andere bereit ist, darüber zu verhandeln? Oft sind mehrere Optionen möglich, wie am Beispiel mit den 50 Prozent Vorauskasse zu sehen ist. Wenn das so ist, dann legt man sich Fragen in absteigender Folge zurecht, das heißt, mit jeder weiteren Frage machen wir ein etwas größeres Zugeständnis.

Am besten, Sie machen das Ganze als kleine Tabelle:

Commitment-Stop	Bewegungs-Fragen
50 Prozent Vorauskasse	• Unter welchen Umständen könnten Sie der Vorauskasse zustimmen? • Was wäre, wenn ich Ihnen einen Rabatt dafür einräumen könnte? • Können Sie eine frühe Teilzahlung leisten?
...	...

Tabelle 4: Commitment-Stopper und Fragen dazu

> **Tipp!**
>
> Rabatt anzubieten – auch wenn er noch so klein ist – kann Wunder wirken. Gerade in großen Unternehmen gibt es nicht selten die Richtlinie: Wenn eine Option rabattiert ist, dann muss sie bevorzugt gewählt werden. Wenn so ein Einkäufer die Wahl hat zwischen *vollem Preis nach Lieferung* und *5 Prozent Rabatt bei 50 Prozent Vorauskasse*, dann **muss** er Letzteres wählen.

Widerstand, was ist das?

An dieser Stelle ein kurzer Exkurs zum Thema Widerstand und Einwandbehandlung. In althergebrachten Verhandlungsschulen ging es und geht es heute noch darum, Widerstand zu vermeiden. Der Rat an den Verhandler geht dann meistens dahin, Einwände vorwegzunehmen, indem man mit Suggestiv-Fragen arbeitet.

Beispiel

> *Sie haben sicher schon gehört, dass Vorauskasse neuerdings in unserer Branche üblich ist. Wir von ABC GmbH werden unseren Kunden so nicht mitspielen und sagen: 50 Prozent Vorauskasse, nicht mehr! Und das ist doch fair, oder nicht?*

Wenn Ihr Job nicht darin besteht, die Oma an der Haustür zu überrumpeln, dann tun Sie so etwas nicht. Damit kommen Sie nicht mehr durch. Im Gegenteil, Sie verspielen jede Reputation. Zugegeben, das Beispiel ist offensichtlich und plump, es geht elaborierter. Aber das Ziel ist immer das gleiche: Der andere soll eingelullt und „weich gemacht" werden. Und das ist falsch. Selbst wenn es mit diesen Methoden zu Abschlüssen kommt – was zunehmend schwieriger wird – führt das keineswegs zu stabilen, verlässlichen Geschäftspartnerschaften. Wenn es bei der Verhandlung wirklich um etwas geht, wie zum Beispiel eine langfristige Lieferanten-Kunden-Bindung, dann sollten beide Seiten nicht den seichtesten Weg zur Übereinkunft suchen, sondern testen, wie sich der andere verhält – ob er stehen bleibt – wenn er unter Druck gerät.

Wie jemand in schwierigen Situationen reagiert, das ist ein wichtiges Kriterium für viele Entscheidungen. Das Wissen darum ist schon lange bekannt. So gibt es die Saga vom großen und bewunderten amerikanischen IT-Unternehmen, das alle paar Jahre absichtlich und heimlich Produkte mit einem Fehler ausliefert, nur um der staunenden Kundschaft zu demonstrieren, wie gut das Unternehmen auf Probleme reagiert. Wie gesagt, es ist nur ein Gerücht und ich habe ja auch keinen Namen genannt.

Ich kann Ihnen noch ein Beispiel dafür geben, wie hoch das Wissen um die Reaktionsfähigkeit eines Unternehmens von Profis eingeschätzt wird, wenn in Verhandlungen alles ganz glatt, zu glatt läuft. Und es ist ein Beispiel aus dem echten Geschäftsleben, bei dem ich direkt beteiligt war.

Beispiel

Die Ausgangssituation war folgende: Einer meiner Kunden, Geschäftsführer eines mittelständischen Unternehmens, stand vor einer 150 000-Euro-Anschaffung und verhandelte in der Endphase mit zwei möglichen Lieferanten. Mit dieser Anschaffung hatte ich überhaupt nichts zu tun und ich hatte auch keine Ahnung von der Materie, um die es ging. Ich war wegen einer Direct-Mailing-Kampagne von diesem Kunden engagiert worden.

In Leistung und Preis waren beide Lieferanten gleich und auch, was die Reputation anging, unterschieden sie sich kaum. Mein Kunde konnte sich nicht entscheiden. Die Sache beschäftigte ihn. Und bei einem Mittagessen erzählte er mir, dass die Verhandlungen sehr glatt verlaufen seien, dass sowohl Verkäufer als auch Techniker perfekt als eingespielte Teams funktioniert hätten. „Aber, wie verhalten diese Unternehmen sich, wenn man mal was außer der Reihe will, wenn nicht alles so geölt läuft?" Das war seine Sorge. Und er kam auf eine interessante Idee, das herauszufinden.

Er bat mich, beiden Unternehmen etwas zu verkaufen. Ich sollte dort meine Marketing-Dienstleistung anbieten und ihm berichten, wie es mir ergangen sei. Was versprach er sich davon? Er wollte hinter die Kulissen schauen. Wie wird dieser „Verkäufer" behandelt? Wird er von Abteilung zu Abteilung gereicht, bis die Sache versandet ist? (In diesem Unternehmen wird Verantwortung weitergeschoben.) Spielt man Ping-Pong mit ihm? (Die Zuständigkeiten sind nicht geregelt.) Bekommt er eine „Entscheider-Entscheidung" (egal ob „Ja" oder „Nein") oder wird er vom „Hausmeister" (immer ein fadenscheiniges „Nein") abgewimmelt? Wenn man mit einigem Geschick als Verkäufer nicht zum Entscheider durchkommt, versteckt sich dieser (er entscheidet nicht bzw. steht nicht hinter seinen Entscheidungen).

Nun habe ich meine Marketing-Dienstleistung seinen beiden Kandidaten angeboten. Kandidat Nr. 1 musste ich siebenmal anrufen, um dann zu erfahren, dass Herr X, der nun wirklich zuständig sei, für zwei Wochen geschäftlich in die USA gereist war. Man hat mich als „heiße Kartoffel" behandelt und so lange weitergereicht, bis man jemanden gefunden hatte, der nicht da war. Bei Kandidat Nr. 2 hatte ich nach dem dritten Anruf die zuständige Marketing-Managerin am Apparat. Sie interessierte sich für mein Angebot. Ihre Antwort war Nein. Sie sagte mir, dass sie das, was ich anzubieten hätte, bereits regelmäßig einkaufte. Und sie sei mit meinem Wettbewerber sehr zufrieden. Herzlichen Glückwunsch! Kandidat Nr. 2 bekam den Auftrag von meinem Kunden.

Versuchen Sie nicht, Widerstand oder Einwände trickreich zu umgehen. Wenn sie Ihnen bei der nächsten Verhandlung begegnen, lächeln Sie und sagen Sie leise zu sich selber: „Danke. Das ist eine gute Gelegenheit zu zeigen, wie souverän wir mit Herausforderungen umgehen. Und es die Gelegenheit zu sehen, wie ihr das haltet." Ein altes Sprichwort sagt: Prüfe, wer sich bindet!

Und Prüfen ist ja unser Thema hier im Abschnitt. Beenden wir also unseren kleinen Exkurs zum Widerstand und kommen zurück zu unserer Regelprozedur. Wenn wir herausgefunden haben, dass das ursprüngliche Nein kein kategorisches war, sondern verhandelbar

113

ist, dann starten wir die Regelprozedur wieder mit einem Angebot. Diesmal allerdings modifiziert:

> *Okay, 50 Prozent Vorauskasse sind so nicht machbar. ... Was würden Sie dazu sagen, wenn ich Ihnen bei 50 Prozent Vorauskasse einen Rabatt von 2,5 Prozent auf den Gesamtpreis einräumen könnte?*

Das Verhandlungsende

Ein Verhandlungsende, weil man keine Übereinkunft erzielt hat, ist kein Beinbruch. Im Gegenteil, erfahrene Verhandler bringen ihre „nicht verhandelbaren" Punkte (der Preis gehört in der Regel nicht dazu!) meist schon recht früh auf den Tisch, um keine Zeit und Energie in unfruchtbaren Diskussionen zu verschwenden. Stellen Sie sich vor, wie ärgerlich und kostspielig es ist, wenn man eine ganze Menge Arbeit in einen Kontakt investiert, nur um ganz am Ende festzustellen, dass sich an diesem einen Punkt die Geister scheiden; dann können beide keinen Schritt mehr aufeinander zu machen. Egal wie gut sonst alles passt, man kommt nicht ins Geschäft.

Verhandlungen können auch erst einmal „vorläufig" beendet, also auf Eis gelegt werden, um sie zu einem späteren Zeitpunkt wieder aufzutauen. Die Gründe dafür können vielfältig sein, wie zum Beispiel:

- ➤ Anderweitiges Firmengeschehen dringt in die Verhandlung ein und bringt sie vorläufig zum Stehen. Das können Dinge sein wie Wechsel in der Geschäftsführung bei einer der Parteien, Eigentümerwechsel, Abberufung eines der Verhandler etc.

- ➤ Es passiert etwas, das die Bedingungen einer der Parteien dramatisch verändert. Stellen Sie sich beispielsweise vor, ein Pharmaunternehmen verhandelt über den Kauf einer Verpackungsmaschine für ein gut laufendes Medikament. Und plötzlich kommt dieses Medikament wegen unvorhergesehener Nebenwirkungen in die Schlagzeilen. Der Absatz bricht von heute auf morgen ein. Die Maschine wird erst einmal nicht gebraucht, aber in ein paar Monaten kann die Sache schon wieder anders aussehen.

➤ Es passiert etwas am Markt, das die Verhandlungen betrifft. So etwas habe ich selbst erlebt, und zwar zum Ende der sogenannten Dotcom-Blase Anfang dieses Jahrhunderts. Ich war in weit fortgeschrittenen Verhandlungen über ein Direktmarketing-Projekt mit einem Software-Unternehmen, das von drei großen Konzernen mit Aufkommen des Internets 1995/96 gegründet worden war, als plötzlich der Geldhahn zugedreht wurde. Wir haben die Verhandlungen dann erst einmal vertagt. Leider, muss ich sagen, haben wir die Verhandlungen nie wieder aufgenommen. Nach nicht einmal einem Jahr waren von den anfangs über 60 Mitarbeitern noch fünf da, und die haben nur noch das Unternehmen abgewickelt.

➤ Es kann natürlich auch etwas unmittelbar zur Verhandlung gehören, das ein Vertagen sinnvoll macht. Ein guter Grund für einen Einkäufer, die Verhandlung zu vertagen, wäre, wenn es sich herausstellt, dass demnächst eine neue Produktgeneration auf den Markt kommt. Und ein guter Verkäufer wird die Verhandlung vertagen wollen, wenn er erkennt, dass er zu einem späteren Zeitpunkt (z. B. nach der nächsten Budget-Runde beim Einkäufer) seine Konditionen besser durchsetzen kann.

➤ Vertagen kann auch immer dann sinnvoll sein, wenn die Fronten verhärtet sind. Nach einer Nachdenkpause ist schon manche ins Stocken geratene Verhandlung wieder flott gemacht worden.

Wenn man eine Verhandlung vertagt, ist es wichtig, den Tag der Wiederaufnahme festzulegen. Also nicht: „Ich melde mich in vier Monaten wieder", sondern: „Passt Ihnen der 5. August, 13.00 Uhr? Ich denke, wir brauchen erst einmal eine Viertelstunde am Telefon. Wie sehen Sie das?" Wenn es Ihnen und Ihrem Gegenüber Ernst ist mit der Wiederaufnahme der Gespräche, treffen Sie auch eine feste Verabredung. Wenn nicht, stehen die Chancen für Neuverhandlungen nicht sehr gut.

Wenn man eine Verhandlung ohne Übereinkunft beendet – und es spielt keine Rolle, welches der Grund ist – dann geschieht das ohne „verletzte" Gefühle, ohne Zorn oder Zynismus, sondern ganz geschäftsmäßig – souverän. Man kann sich jederzeit wieder über den Weg laufen und vielleicht über ganz andere Geschäfte in ganz anderen Positionen verhandeln, dann ist es gut, wenn man sich ohne Vorbehalte gegenübertreten kann.

Gerade jetzt, da ich dieses Kapitel schreibe, bin ich in einer Situation, in der ich eine Verhandlung beendet habe. Und ich habe sie beendet, weil es mir mit einigem Aufwand noch nicht gelungen war, den Interessenten von bestimmten Leistungsmerkmalen zu überzeugen, ohne die meiner Meinung nach so ein Projekt, wie es geplant war, nicht erfolgreich sein kann. Kurz: Ich wollte nicht weiter in Überzeugungsarbeit investieren. Und so ungefähr, vom Ton her, klang mein Anruf vorhin bei ihm:

Guten Tag Herr X. Hier ist Gerold Braun.

Es geht um das Projekt „Leads für Ihr Unternehmen via Web generieren". Ich habe darüber nachgedacht und mir scheint, es ist im Moment nicht der richtige Zeitpunkt. Mir ist es offenbar nicht gelungen, Ihnen den Mehrwert einer maßgeschneiderten Lösung zu vermitteln.

Ich würde die Sache gerne ruhen lassen und schauen, ob vielleicht in einem halben Jahr ein besserer Zeitpunkt ist, um noch einmal darüber zu reden. Wie sehen Sie das? – Er war einverstanden.

Vielleicht fragen Sie sich jetzt: „Aha, oben hat er noch geschrieben – *Wenn es Ihnen und Ihrem Gegenüber Ernst ist mit der Wiederaufnahme der Gespräche, treffen Sie auch eine feste Verabredung.* – Und kaum geht es um seine eigenen Verhandlungen, schon hält er sich nicht mehr daran." Und bevor Sie mich für einen falschen Propheten halten, einen, der Wasser predigt und Wein trinkt, will ich die Sache aufklären. Dieses „.... in einem halben Jahr noch einmal drüber reden" hat hier die gleiche Funktion wie ein „Auf Wiedersehen". Dieses **unbestimmte Vertagen** gibt beiden Parteien die Möglichkeit, sich zurückzuziehen, ohne zurückweisend zu wirken.

Vielleicht ist er ja in einem halben Jahr reif für eine große Lösung, dann bin ich auch jetzt noch, nach den gescheiterten Verhandlungen, eine Option für ihn. Vielleicht höre ich auch nichts mehr von ihm. Auch das ist okay für mich.

Weitere Möglichkeiten, eine Verhandlung souverän zu beenden (und als Top-Verhandler sind Sie immer souverän, egal wie der andere sich verhält):

➤ Ich sehe, Sie haben im Moment wirklich alle Hände voll zu tun. Ich denke, wir sollten unsere Gespräche vertagen, bis Sie wieder mehr Luft haben. Ist das okay für Sie?

➤ Ich sehe, dass es im Moment schwierig ist, alle Entscheider mit ins Boot zu holen. Mir scheint es das Beste, wenn wir unsere Gespräche auf einen günstigeren Zeitpunkt vertagen. Wie sehen Sie das?

➤ Ich sehe, diese Lösung übersteigt im Moment Ihr Budget. Vielleicht sollten wir im kommenden Jahr darüber reden?

Wenn der andere nur hoch gepokert hat und eigentlich weiter verhandeln will, dann sagt er das nach Ihrem „Ausstiegsangebot". Tja und dann starten Sie noch einmal von vorne, mit Ihrem Angebot und Ihrer Forderung an ihn, Ja oder Nein zu sagen.

Und wenn er Ihr Ausstiegsangebot annimmt, die Verhandlung also ohne Übereinkunft beendet wird, können Sie ihm eine lockere Verbindung anbieten: „Ich würde Sie gerne auf dem Laufenden halten. Was halten Sie davon, wenn ich Sie in die Verteilerliste unseres monatlichen E-Mail-Newsletters aufnehme?" *Sie haben doch sicher einen E-Mail-Newsletter? Wenn nicht, wird es höchste Zeit für dieses wirkungsstarke Direktmarketing-Werkzeug.*

> **Merke!** Es ist immer ein Fehler, unmögliche Forderungen des anderen zu akzeptieren. Wenn dies geschieht, führt es sehr schnell zu Spannungen in der Beziehung, was die Kosten auf beiden Seiten weiter steigen lässt. Andererseits nährt ein „Nein" in solch einer Situation, selbst wenn das Geschäft dabei auf der Strecke bleibt, Ihre Reputation und Ihr Selbst-Commitment.

An dieser Stelle habe ich eine weitere Aufgabe für Sie. Überlegen Sie, welche Ihrer Positionen nicht verhandelbar sind. Wozu sagen Sie „Nein. Das mache ich nicht." Was haben Sie bisher schon an Forderungen in Verhandlungen gehört und haben es abgelehnt oder sich hinterher geärgert, dass Sie darauf eingegangen sind. Denken Sie dabei an alle (besonders auch ganz frühe) Stadien von Verhandlungen. Vielleicht sagen Sie „Ich rede nicht über Preise, bevor ich nicht ziemlich genau weiß, was der andere braucht." Und als Einkäufer könnten Sie sagen: „Die Frachtkosten sind Kosten des Verkäufers. Punkt." Schreiben Sie es auf. Am besten machen Sie eine Liste Ihrer nicht verhandelbaren Positionen, damit Sie es sich einprägen können.

	Nicht verhandelbare Position
1	
2	
3	

Tabelle 5: Nicht verhandelbare Positionen

Jetzt haben Sie den Kern des Systems, die Regelprozedur, und können jede Ihrer zukünftigen Verhandlungen daran ausrichten, egal wie lange oder kompliziert sie wird. Eines müssen Sie allerdings wissen: was Sie vom anderen wollen. Nur dann können Sie in jedem Verhandlungsschritt Angebote machen und Commitment fordern. Und jedes (Unter-)Angebot startet eine Regelprozedur, an deren Ende Sie entweder einen Schritt näher am Gesamtziel sind – und das nächste Angebot startet die nächste Regelprozedur – oder die Verhandlung beenden.

Sie wissen immer genau, wo Sie stehen und was Sie als nächstes zu tun haben.

Angebote machen

Im Kapitel „*Sicher Entscheidungen treffen und die Führung übernehmen*" habe ich schon vom Grundprinzip „Mache ein Angebot und stelle eine Hürde davor" gesprochen. Das schauen wir uns gleich genauer an, aber noch ein Wort zum Kompromiss.

Ein Angebot ist kein Kompromiss! Ich schreibe das deshalb fett und gleich an den Anfang, weil es eine der häufigsten und am schwersten zu korrigierende Sünde unerfahrener Verhandler ist. Dahinter steckt meist mangelndes Zutrauen zur eigenen Stärke. Wer aber seine Hausaufgaben – wie Kalkulation, Marktanalyse, Situation des Gegenübers etc. – gemacht hat und sein Angebot in einen realistischen Rahmen stellt, der muss fordern, was für ihn das Optimale ist. Wer Schwierigkeiten hat, zu seinem Angebot zu stehen, der lese noch mal das Kapitel „Souverän verhandelt besser" und übt vielleicht noch intensiver, „Klar Schiff" zu machen (siehe Kapitel 1), um aus seinen Verhandlungen herauszuholen, was für ihn und sein Unternehmen drin ist.

Keine Frage, in vielen, aber bei weitem nicht allen Verhandlungen steht am Ende ein Kompromiss. Aber der Kompromiss darf nicht der Beginn der Verhandlung sein. Und keiner hat das bisher besser beschrieben als der Doyen des Managements, Peter Drucker[6], in seinem Standardwerk „Die Kunst des Managements":

---

[6] Drucker, Peter F., Die Kunst des Managements, München 2000

„(...) Die effektive Führungskraft muss von dem ausgehen, was richtig ist, und nicht von dem, was akzeptabel ist; denn ein Kompromiss ist am Ende immer notwendig. (...)

Diese Lektion lernte ich 1944, als ich meinen ersten großen Auftrag als Unternehmensberater abwickelte. Es war eine Untersuchung der Managementstrukturen und -strategien bei General Motors. Alfred P. Sloan, der zu diesem Zeitpunkt Vorstandsvorsitzender des Unternehmens war, bat mich zu Beginn meines Auftrags in sein Büro und sagte: „Ich muss Ihnen nicht erzählen, was Sie zu untersuchen haben, was Sie zu schreiben haben und zu welchen Schlussfolgerungen Sie gelangen. Das ist Ihre Aufgabe. Meine einzige Vorgabe an Sie ist, dass Sie das niederschreiben, was nach Ihrer Einschätzung das Richtige ist.

Kümmern Sie sich dabei nicht um unsere Reaktionen und ebenso wenig darum, ob wir das mögen oder nicht. Und beschäftigen Sie sich nicht mit den Kompromissen, die notwendig wären, um Ihre Schlussfolgerungen akzeptabel zu machen. Denn alle Führungskräfte in diesem Unternehmen, ohne Ausnahme, sind in der Lage, ohne Ihre Hilfe jeden nur denkbaren Kompromiss zu erzielen. Doch keine Führungskraft hier kann einen richtigen Kompromiss erzielen, wenn Sie ihr nicht zuvor klar gemacht haben, was richtig ist."

 Merke! Man macht niemals alleine einen Kompromiss. An einem Kompromiss müssen immer beide Parteien arbeiten.

Angebote in verschiedenen Phasen

Es ist sinnvoll, zwei verschiedene Sorten von Angeboten zu unterscheiden. Zu Beginn und in frühen Phasen von Verhandlungen sehen Angebote in der Regel anders aus als in der Endphase. Zu Beginn ist das „Spielfeld" weiter und offener, nicht selten muss erst einmal geklärt werden, ob es für beide Parteien überhaupt Sinn macht, in tiefere, ernsthafte Verhandlungen einzusteigen. Gegen Ende spielen oft kleinste Details eine große Rolle. Zu Beginn sollen Angebote vorwiegend Interesse wecken und Bedarf bzw. Kapazitäten qualifizieren, gegen Ende sind Angebote schon so spezifisch, dass sie oft direkt in Vertragsausarbeitungen eingehen.

Beispiele für frühe Angebote: *Wir kaufen nur zertifizierte Ware. Können Sie X-zertifiziert liefern? – Ein Projekt dieser Größenordnung kostet üblicherweise um die XX Euro. Passt das zu Ihrem Budget?*

Beispiele für Angebote in fortgeschrittenem Stadium: *Wir nehmen jeden Dienstag 300 Stück der Qualität B in Werk A zum Preis von X Euro. – Wir liefern beim Stückpreis von X und Abnahme von 1 000 Stück einmal im Monat frei Haus.*

Bei Angeboten in fortgeschrittenem Stadium kommt es vor allem darauf an, konkret zu werden, exakt zu sein. Es soll hinterher nicht spekuliert werden müssen/können, was wohl mit einer Vereinbarung gemeint ist. Angebote in frühen Phasen dürfen in aller Regel die Vorstellung des anderen anregen. Man macht das Angebot attraktiv.

Was macht ein Angebot attraktiv?

Um diese Frage zu klären, schauen wir am besten kurz auf den Prozess, wie wir üblicherweise zu Entscheidungen kommen. Als erstes erregt ein Angebot unser Interesse. Und das hört sich so an:

➤ *Das gefällt mir.*
➤ *Darüber habe ich auch schon nachgedacht.*
➤ *Das klingt spannend.*
➤ *Das könnte etwas sein für mich.*
➤ *Das sieht gut aus.*
➤ *...*

Zu diesem Zeitpunkt wissen wir sachlich sehr wenig über das Angebot, nicht wahr?

Wir gehen nach Gefühl. Und um unser Gefühl zu prüfen, treten wir näher heran, schauen genauer hin, wollen mehr Details wissen. Das wäre der zweite Schritt in unserem Entscheidungsprozess: Information sammeln.

Bleiben wir aber noch einen Moment beim ersten Schritt. Wie wir sehen, muss ein Angebot unsere Emotionen ansprechen, damit es unser Interesse erregt. Und wir reagieren eher auf „Geschichten" emotional als auf Sachliches, auf Argumente oder auf Logik. Ein Angebot ist also dann attraktiv, wenn es uns eine „kleine Geschichte" erzählt. Die kleine Geschichte muss passen und handfest sein. Dazu ein Beispiel. Stellen Sie sich vor, Sie haben eine Broschüre in der Hand oder besuchen die Website eines Unternehmens. Sie sehen dort, was das Unternehmen auf dem Markt anbietet. Sie lesen das Angebot:

> *Angebot 1: Wir bieten Suchmaschinen-Optimierung von Unternehmens-Websites.*
>
> *Angebot 2: Wir sorgen dafür, dass richtig viele Ihrer passenden Kunden Ihre Website finden.*

Angebot 1 ist eine exakte Aussage, hat aber – außer für den Suchmaschinen-Optimierungs-Spezialisten – kein Geschichten-Potenzial. Es weckt kein Interesse, sich damit weiter zu beschäftigen. Eine solche technische Aussage an unsere Aufmerksamkeit gerichtet, ist praktisch wirkungslos. Angebot 2 hingegen ist zwar vage in der Sache, der Leser oder Hörer kann sich aber sofort ein Bild machen, was er als Ergebnis erwarten darf. Das Angebot hat ihn neugierig gemacht und er will die ganze Geschichte hören.

Und jetzt kommt der 2. Schritt im Entscheidungsprozess: Wir wollen Informationen. Jetzt hören wir auch bei „Suchmaschinen-Optimierung" zu. Wir haben Fragen dazu, unsere Bedürfnisse kommen ins Spiel – die Verhandlung beginnt.

Fazit: Wenn ein Angebot schon auf den ersten Blick attraktiv sein soll, dann darf es nicht zu sachlich-technisch daherkommen, sondern muss der Anfang einer kleinen Geschichte sein. Der Leser oder Hörer darf nicht entschlüsseln müssen, was das Angebot für ihn bedeutet, sondern soll sich sofort ein Bild (vom Endergebnis) machen können. Dann erst tritt er näher (oder auch nicht, wenn ihn das Endergebnis nicht berührt), und wir können ihm zeigen, dass unser Angebot nicht nur attraktiv, sondern auch richtig gut ist.

Die Hürde einbauen

Einen guten Einkäufer/Verkäufer erkennt man daran, dass er seine begrenzten Ressourcen (Zeit, Energie, Geld) nicht mit unfruchtbaren Interessenten verschwendet, sondern sie in die viel versprechenden Kontakte steckt. Das heißt, nachdem man sein Angebot präsentiert hat, muss man den anderen qualifizieren. Zu Beginn einer Geschäftsanbahnung betrachtet man dieses Qualifizieren am besten als Negativauslese: Wer dies oder jenes nicht kann – über bestimmte Hürden nicht drüber kommt, in den stecke ich keine weiteren Ressourcen.

Unsere Hürden sind dann Fragen, auf die der andere Ja oder Nein antworten kann, wie zum Beispiel

- Kann der andere mein Produkt bezahlen? Kann er es sich leisten?
- Kann der andere die großen Mengen/die geforderte Qualität liefern, die wir brauchen?
- Kann er entscheiden, hat er Verhandlungsmacht? Wenn nicht, kann er uns wenigstens den Weg bereiten?
- Wann ist die Anschaffung geplant? Jetzt, in einem halben Jahr oder erst irgendwann?
- Ist der andere an einer langfristigen Geschäftsbeziehung interessiert?

Es hängt immer vom Geschäft ab, welche Hürden sinnvoll sind, um einen Interessenten zu qualifizieren. Deshalb an dieser Stelle die Aufgabe für Sie: Legen Sie fest, über welche Hürden ein Interessent muss, damit Sie überhaupt in weitere Verhandlungen einsteigen, und formulieren Sie die Hürde als Ja/Nein-Frage.

	Hürde
1	Ein Produkt dieser Klasse kostet um die XX Euro. Passt das in Ihr Budget?
2	Können Sie monatlich 2 000 Stück in A-Qualität liefern?
3	

Tabelle 6: Hürden als Ja/Nein-Frage

Im Grunde genommen ist es wieder der Kern der Regelprozedur: Wir machen ein Angebot und fordern das Commitment des anderen. Nur ist es in einem sehr frühen Stadium selten sinnvoll, bei einem Nein des anderen zu schauen, was verhandelbar ist und wie man sein Angebot modifizieren kann. Ein Nein an dieser Stelle sollten wir so sehen: „Gut, dass das so früh herausgekommen ist. Ich investiere meine Ressourcen besser in andere Kontakte/Projekte."

Zum Schluss will ich noch über einen Fehler sprechen, den man beim „Angebot machen" nicht selten sieht. Es ist das **Abwerten des Angebots**. Und das funktioniert so, dass an das Angebot Halbsätze angehängt werden wie zum Beispiel: „*... ist nur ein Angebot.*" oder „*... über (Preis, Lieferbedingungen, Qualität etc.) können wir natürlich gerne reden.*" Das zeigt dem anderen nur eines: Wir stehen nicht zu unserem Angebot bzw. wir machen kein gutes Angebot, sondern haben ein für den anderen besseres in der Hinterhand. Lassen Sie solche Bemerkungen, die Ihre Position nur schwächen, einfach weg. Wenn der andere meint, er müsste verhandeln, sagt er das schon von sich aus.

Take away

> Verhandeln Sie zukünftig mit System und nutzen Sie dazu die hier vorgestellte Regelprozedur. Sie behalten die Kontrolle und wissen immer ganz genau, wie Ihr nächster Schritt aussieht und warum Sie ihn gehen wollen. Ihr Erfolg ist kein Zufall. Sie kommen regelmäßig zu guten Resultaten aufgrund von klaren Entscheidungen.

> Sie wissen, wie Sie in verschiedenen Phasen einer Verhandlung auch verschiedene Arten von Angeboten machen. Sie haben Kriterien, Ihr Gegenüber aufgrund der Reaktion auf Ihr Angebot zu qualifizieren, und können damit sicher entscheiden, wie viele Ihrer Ressourcen Sie investieren wollen. Sie verhandeln nicht nur souverän, sondern auch ökonomisch.

5 Mit der richtigen Strategie ans Ziel

Wer in Verhandlungen mal hierhin schlägt und mal dahin, so wie mit einer Fliegenklatsche nach Fliegen, der kommt nicht weit, weil er nur auf das reagiert, was auf ihn zukommt oder was er gerade wahrnimmt. Die Chancen erhöhen sich dramatisch, wenn man ein Ziel hat und einen Plan, wie man dieses Ziel erreichen will. Beides zusammen, das Ziel und der Plan, ergeben die Strategie.

Hören wir noch einmal auf den Großmeister der Strategie, den preußischen General von Clausewitz[7], der Strategie wie folgt definiert hat: „Strategie ist der Gebrauch des Gefechts zum Zwecke des Krieges." Das kann man leicht aus dem Militärischen ins Geschäftliche übersetzen, wenn man Gefecht durch Verhandlung und Krieg durch das spezielle Ziel ersetzt, wie zum Beispiel *bevorzugter Lieferant werden* oder *beste Konditionen bekommen.*

Strategie von Taktik unterscheiden

Strategie ist der Aktionsplan oder auch die Gesamtkonzeption. Taktik ist das, was tatsächlich im entscheidenden Moment angewendet wird.

Hier zwei einfache Beispiele, an denen klar wird, wie sich Strategie und Taktik unterscheiden.

Aus Sicht des Einkäufers

Als Einkäufer suche ich einen Lieferanten für ein bestimmtes Produktionsmittel. Zuerst spezifiziere ich mein Ziel und das könnte so lauten: Ich will einen zuverlässigen Lieferanten, der A-Qualität zu einem Preis nicht höher als X liefert. Mein Plan sieht so aus, dass

---
[7] Clausewitz, Carl von, Vom Kriege, Reinbek 1963

ich 10 bis 12 Lieferanten kontaktiere, um dann in zwei bis drei Entscheidungsrunden die beiden Finalisten zu qualifizieren, mit denen ich in tiefere Verhandlungen einsteige. Das wäre meine Strategie.

Wie mein Kontaktieren aussieht, also meine Leistungsanfrage, ob der jeweilige Lieferant grundsätzlich meinen Bedarf bedienen kann, das ist meine Taktik: Ich kann anrufen, eine E-Mail schicken oder ganz formal einen Brief schreiben. Was tun die Kontaktierten? Tun sie überhaupt etwas? In der nächsten Qualifzierungsrunde, es sind schon weniger geworden, habe ich die Möglichkeit, die Vertreter zu mir kommen zu lassen, mir selbst ein Bild bei den Unternehmen vor Ort zu machen oder auf einer Fachmesse das Unternehmen in Augenschein zu nehmen. Auch das ist eine taktische Entscheidung, je nachdem, was ich erkennen will.

Schließlich habe ich meine zwei Finalisten. Ich kann mit jedem separat verhandeln oder auch simultan (wenn beide da mitspielen). Mein Plan ist am Ende aufgegangen, mein Ziel (Zweck) ist erreicht. Die Strategie war erfolgreich.

Aus Sicht des Verkäufers

Als Verkäufer will ich der bevorzugte Lieferant bei einem bestimmten Kunden werden. Das ist mein Ziel. Und mein Plan ist, mit einem nachrangigen Produkt zuerst einen Fuß in die Tür zu bekommen, um den Kunden zu begeistern, und dann mit dem Hauptprodukt nachzulegen. Damit hätte ich eine Strategie. Der erste Schritt in meinem Plan, also immer noch Strategie, ist: Herausfinden, bei welchem Nebenprodukt, das wir liefern können, das Kundenunternehmen nicht gut bedient wird oder sonstwie Bedarf hat.

Jetzt kommt meine Taktik ins Spiel: Wen im Kundenunternehmen kontaktiere ich? Den Einkäufer oder den Fachspezialisten? Vielleicht sogar mehrere Leute? Auf welche Weise nehme ich Kontakt auf? Rufe ich nach einer Funktionsrecherche verschiedene Leute im Kundenunternehmen an oder gehe ich vielleicht zu einer auf der Firmen-Website angekündigten Veranstaltung und mache dort erste Kontakte? – Alles taktische Fragen. Und die Taktik dient nur der Strategie, hier: Einen Fuß in die Tür bekommen.

Die Strategie ist also dazu da, uns in der Spur zu halten. Alles, was wir während einer Verhandlung tun, muss zur Strategie passen.

Eine Strategie erarbeiten

Eine Strategie erarbeiten, das teilt man sinnvoll in verschiedene Aufgaben auf:

- Die 1. Aufgabe: Man muss sein Ziel definieren. Also die Frage beantworten: Was will ich erreichen?
- Die 2. Aufgabe: Man muss eine gute Vorstellung davon entwickeln, was der andere erreichen will.

Die Aufgaben 1 und 2 kennen Sie schon aus dem Kapitel „Geben und Nehmen" (Seite 69 ff.), sie führen zu unserer Agenda. Wichtig ist auch, dass wir wissen, was wir als „nächsten Schritt" am Ende der Verhandlung vereinbaren. Das ist unser Link in die Zukunft. Ohne vereinbarten nächsten Schritt (zum Beispiel: Muster zusenden, Vertrag ausarbeiten etc.) ist eine Verhandlung nicht zu Ende. Jedenfalls keine, auf deren Ergebnis wir bauen sollten.

- Die 3. Aufgabe: Den Ablauf der Verhandlung planen.

Was kann man planen kann und wie nimmt man Einfluss? Eine Verhandlung beginnt nicht erst, wenn sich beide Parteien gegenübersitzen und formal die erste Runde eröffnen. Im Grunde beginnt sie mit dem ersten Geschäftskontakt. Ab da wird Information über den anderen, sein Unternehmen und seine Aufgaben gesammelt und bewertet. Nicht selten wechselt dieser „andere" während dieses Prozesses, oder es kommen weitere „andere" hinzu. Und das ist gut so.

Ein erfahrener Verhandler hat mehr als einen Kontakt in das Unternehmen seines Gegenübers, wenn es in die Endrunde, die eigentliche Verhandlung geht. Manche, und die gibt es sowohl auf Verkäufer- als auch auf Einkäuferseite, bauen einen richtigen kleinen Geheimdienst auf und wissen oft genau so gut über die Situation ihres Gegenübers Bescheid wie dieser selbst. Was natürlich ein enormer Vorteil in Verhandlungen ist.

Wie gehen diese „verschlagenen Wölfe" vor? Sie machen von Anfang an nicht alles selbst, sondern schicken unverdächtige, aber gut präparierte Leute vor:

- Die Sekretärin ruft die Sekretärin an.
- Der Produktspezialist nimmt Kontakt mit dem Produktspezialisten auf.
- Bei größeren Projekten wird auch schon mal der Geschäftsführer auf den Geschäftsführer angesetzt.

Bei diesen Gesprächen unter Gleichen kann man sehr leicht Informationen gewinnen und auch (erwünschte, falsche ...) streuen. Nicht selten haben Unternehmen ja Richtlinien, wer welche Information wem geben darf. Und nicht selten dürfen Verkäufer nicht mit Fachpersonal sprechen. Wenn aber der Anruf kommt: „..., unter uns Kollegen mal was Fachliches klären ..., ... unsere Vertriebler verstehen mal wieder nichts ..., das kennt man ja, ...", dann sind in der Regel alle Richtlinien dahin.

Nun könnte man fragen: Was macht eigentlich einen guten Spion aus? Der Autor und Herausgeber Hartmut Scheible führt uns in *Casanova, Das Duell*[8], die Arbeit eines berühmten und berüchtigten Venezianer Spions, Giovanni Battista Manuzzi, vor. Jener Spion, dessen Berichte Giacomo Casanova, der sich übrigens Jahre später ziemlich erfolglos auch als Spion versuchte, ins Gefängnis brachten: „*Das Portrait, das Manuzzi in seinen Berichten vom 11. November 1754 (...) von Casanova zeichnet, ist – man muss es bei allem Widerwillen gegen sein Handwerk zugeben – eine Meisterleistung.*"

Und dann folgt eine Arbeitsprobe von einem anderen Spionageauftrag: „*Man lese etwa nach, was Manuzzi (...) darüber zu berichten*

---

[8] Scheible, Hartmut, Casanova, Das Duell, München 1988

weiß, wie man in der Bevölkerung über den Krieg, der später der Siebenjährige heißen wird, redet: ‚Da man in den Kaffeehäusern und anderen Versammlungsorten über nichts anderes spricht als den Krieg zwischen dem König von Preußen und der Kaiserin, so äußern sich die Gemüter für die eine wie für die andere Seite, woraus ein großer allgemeiner Klatsch entsteht. Hierbei ist jedoch bemerkenswert, dass man einige hören kann, die respektlos reden sowohl über die Kaiserin als auch über den König von Preußen, und die dabei höchst unschickliche Ausdrücke gegen die Majestäten gebrauchen.'"

Scheible analysiert diesen Bericht mit einiger Begeisterung für den Spion: *„Man kann nicht präziser sagen, worauf es in der Tat ankommt. Dass anlässlich einer kriegerischen Auseinandersetzung in der Bevölkerung sich Partein mit gegensätzlicher Meinung bilden, ist selbstverständlich und im allgemeinen nicht von besonderer Bedeutung; Manuzzi macht sich daher auch nicht die Mühe, irgendwelche Äußerungen dieser Art festzuhalten. Für bedeutsam dagegen hält er die Tatsache, dass es offenbar Personen gibt, (...) die beide Parteien zugleich, und zwar in der Person des jeweiligen Souveräns, herabsetzen. Manuzzi hat sich damit als Spion erwiesen, der fähig ist, seinen Auftrag nicht blindlings auszuführen, sondern ihn im Sinne seiner Auftraggeber selbständig zu durchdenken."*

Ein guter Spion nimmt also nicht nur Information auf, sondern erkennt, was wichtig ist, filtert und bringt das Entscheidende ans Licht. Es kann von Vorteil sein, wenn man Mitarbeiter mit diesen Fähigkeiten, kleine Manuzzis, hat.

Und zur Spionage-Abwehr, was braucht es da? Schauen wir in die Neue Zürcher Zeitung vom 23. Februar 2007, da werden wir fündig:

„‚Eben jene Eigenschaften, die einen guten Agenten der Spionageabwehr ausmachen – ein argwöhnischer Geist, die Liebe zur Komplexität und zum Detail und die Fähigkeit, Verschwörungen aufzudecken –, sind auch die Eigenschaften, die am ehesten dazu neigen, den natürlichen Verstand und das objektive Urteilsvermögen zu zersetzen.' Dieser Satz aus Tom Mangolds Biografie eines legendären US-Spions und Gründungsmitglieds der CIA, James Jesus Angleton, ist nicht nur die thematische Keimzelle von Robert De Niros Film ‚The Good Shepherd', er wird darin auch wörtlich zitiert."

Jetzt sollten Sie so ziemlich alles an Wissen haben, um als Verhandler, als verschlagener Wolf, Ihre Bataillone aufzustellen. Na ja, so weit braucht man es nicht treiben. Natürlicher Verstand und objektives Urteilsvermögen sind wichtig, um erfolgreich zu verhandeln. Aber man sollte gefasst sein, falls die andere Seite sämtliche Register zieht.

 Merke! Information sammeln ist wichtig. Wachsam sein und nicht alles ausplaudern ist genauso wichtig.

Schauen wir weiter, was man für den Ablauf einer Verhandlung noch planen kann. Jede Verhandlung durchläuft verschiedene Phasen und wir untergliedern unser Angebot entsprechend in Teilangebote, wie wir in Kapitel 4, „Das Verhandlungssystem", besprochen haben. Nun kommt es darauf an, dass wir schwierige oder besondere Situationen antizipieren, also vorhersehen können. Solche Situationen können zum Beispiel *die entscheidende Hürde für unser Gegenüber* oder *die Preisdiskussion* sein. Es sind Situationen, die einer Verhandlung ganz entscheidende Richtung geben. Man könnte sie auch kritische oder knifflige Situationen nennen. Solche Situationen gibt es in jeder Verhandlung und meist sind es immer die gleichen, abhängig von Geschäft und Verhandlungstyp. Und das bedeutet, man kann sich darauf vorbereiten.

Welches sind Ihre kniffligen Verhandlungssituationen?

Jetzt eine Aufgabe für Sie. Nehmen Sie sich etwas Zeit und überlegen Sie, welche Situationen Sie in Ihren Verhandlungen immer wieder erleben. Notieren Sie alle. Bringen Sie diese Situationen anschließend in eine „Knifflig"-Reihenfolge: die kniffligste zuoberst, dann die zweitkniffligste usw. Am besten Sie notieren das wieder in einer Tabelle.

Falls Sie mit neuartigen Verhandlungen beginnen, Sie also noch keine Erfahrungen haben, auf die Sie zurückgreifen können, spielen Sie Ihre Verhandlungen im Geiste durch und stellen Sie Vermutungen an. Nach Ihren ersten Verhandlungen gehen Sie Ihre Liste erneut durch und sehen, ob sich Ihre Vermutungen bestätigt haben (Ihre Trefferquote ist wahrscheinlich sehr hoch) und wo Sie korrigieren müssen.

Rang	Situation
1	
2	
3	
...	

Tabelle 7: Ihre kniffligsten Verhandlungssituationen

Und jetzt, da Sie genau wissen, was kommen wird, können Sie planen, wie Sie damit umgehen wollen. Vielleicht überlegen Sie zuerst, wie Sie die Situation auflösen. Diese Überlegung ist gut und notwendig und gehört in den Bereich „Taktik". Denken Sie aber auch hier erst einmal wieder strategisch: Kommt diese bestimmte knifflige Situation zum richtigen Zeitpunkt oder ist es besser, sie zu verschieben?

Diese letzte Frage zeigt schon, Sie können nicht nur antizipieren, „was" passieren wird, sondern auch planen, „wann" es Ihnen am besten passt. Im letzten Kapitel habe ich das Beispiel *„Ich rede nicht über Preise, bevor ich nicht ziemlich genau weiß, was der andere braucht."* beim Abschnitt „nicht verhandelbare Positionen" (siehe Seite 118 ff.). Wenn Sie jetzt also Ihre nicht verhandelbaren Positionen hernehmen und dazu die antizipierten Verhandlungssituationen von oben und wenn Sie wissen, wie Ihre Angebote aussehen sollen (siehe Abschnitt „Angebote machen" im letzten Kapitel, Seite 119 ff.), haben Sie alle notwendigen Zutaten, um zu planen, wie Ihre Verhandlung Schritt für Schritt ablaufen soll.

Und jetzt bringen Sie als nächstes Ihre Schritte, die Sie in einer Verhandlung gehen wollen, in eine Reihenfolge. Gliedern Sie Ihre Verhandlung in Phasen. Am Ende einer jeden Phase steht der Prüfpunkt, ob Sie noch auf dem richtigen Pfad wandeln, das heißt: in Einklang mit Ihrer Strategie sind. In der Projektplanung, und unsere Verhandlungsplanung ist im Grunde nichts anderes, arbeitet man mit Milestones. Das sind die kritischen Prüfpunkte, an denen sich entscheidet, ob das Projekt vorwärts, rückwärts oder sonst wo hingeht. Es hilft sehr, wenn Sie Ihr Verhandlungsprojekt auch als Plan aufbereiten. Eine probate Art, Projekte darzustellen, ist das Gantt-Diagramm, so wie Sie es unten skizziert sehen.

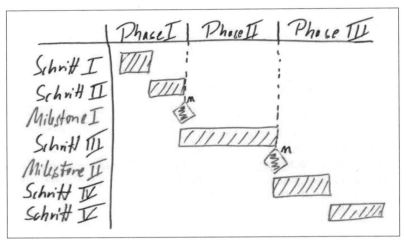

Abbildung 5: Projektplan mit Milestones als Gantt-Diagramm; Phase I beispielsweise besteht aus den Schritten I und II und dem Milestone I (Prüfpunkt) am Ende.

Wenn Sie viel Energie und Aufwand in die Planung stecken, hat das, neben der Sicherheit, die Sie gewinnen, noch einen Vorteil, der nicht zu unterschätzen ist: Ihre Handlungsalternativen vermehren sich. Genauer gesagt, während Sie Ihre Strategie intensiv erarbeiten, spielen Sie auch zwangsläufig taktische Varianten durch; Sie generieren Ideen, was Sie in kniffligen Situationen alles tun können. Sie sind nachher in der echten Verhandlung sicherer und flexibler. Sicher und flexibel, das ist eine seltene und starke Kombination von Zuständen oder Fähigkeiten, je nachdem, wie man es nennen will. Sie zahlen ordentlich auf Ihr Selbst-Commitment-Konto ein.

Spezielle Einkäufer- und Verkäuferstrategien

Was wir bisher über Strategie besprochen haben, passt sowohl für Verkäufer als auch für Einkäufer. Betrachten wir jetzt den zentralen Unterschied zwischen Verkäufer- und Einkäuferstrategie. Manch einer denkt vielleicht, das sei klar: Der Einkäufer will immer den besten Preis und der Verkäufer stets den höchsten erzielen. Dem ist aber nicht so, wenn man genauer hinschaut.

Einmal abgesehen von Verhandlungen, bei denen es um Ware geht, die einfach zu beschaffen ist, in genormter Qualität und beliebiger Menge zur Verfügung steht, ist der Preis nur ein taktisches Ziel. Wenn mehr im Spiel ist als reiner (einfacher) Warenhandel, dann ist „Sicherheit" das strategisch wichtigste Ziel. Darauf komme ich gleich zurück.

Zuerst will ich uns kurz eine dramatische Entwicklung im einfachen Warenhandel vor Augen holen. Dramatisch deshalb, weil in den letzten Jahren, mit dem Ausreifen des Internets, eine ganze „Verhandlungssparte" überflüssig geworden ist. Und das sowohl auf Einkäufer- als auch auf Verkäuferseite.

Nehmen wir als Beispiel ein großes Industrieunternehmen, das einmal im Jahr eine große Menge einer bestimmten Chemikalie einkauft.

Althergebracht lief das so ab, dass der Einkäufer verschiedenen, ihm bekannten Unternehmen seinen Bedarf genannt hat. Dann haben Verkäufer Angebote ausgearbeitet, abgegeben und das Gespräch gesucht. Dann starteten Verhandlungen. Das war einmal. Heute stellt das Unternehmen seinen Bedarf in eine E-Procurement-Plattform und lässt die Lieferanten in einer sogenannten Reverse Auction sich gegenseitig unterbieten, um an das Geschäft zu kommen. Wer die Bedingungen wie zum Beispiel Qualität, Menge, Liefertermin etc. erfüllt, kann an der Auktion teilnehmen, wo immer er auch auf der Welt sitzt. Den Zuschlag bekommt automatisch der Auktionsteilnehmer, der den besten Preis bietet.

Das Internet hat den Wettbewerb verschärft und es leichter gemacht, Angebote zu vergleichen. Das gilt nicht nur in der Industrie. Wer heutzutage privat ein Standardprodukt, wie zum Beispiel einen PC, anschaffen will, schaut erst einmal im Internet nach, wer den besten Preis für das in Frage kommende Produkt hat. Und dann kauft er dieses (Technik-)Produkt, wo er es am billigsten bekommt. Gegebenenfalls auch beim Lebensmittel-Discounter als Aktionsware. Anders sieht die Sache aus, wenn man vom Standardprodukt abweichende Wünsche hat, und zum Beispiel ein besonders leises Gerät will. Dann braucht man vielleicht Beratung oder muss sich verschiedene Geräte vorführen lassen, weil der Vergleich von Lautstärkeangaben in Dezibel auch vom eigenen Gehör abhängt und für den Nicht-Fachmann ungleich schwieriger ist als der Vergleich von Preisen. Und zum Preis kann irgendwie jeder etwas sagen, nicht wahr?

Einfache Produkte und Dienstleistungen (Gebrauchsware, C-Teile in der Industrie, usw.), bei denen der Preis das entscheidende Kriterium ist, werden zukünftig immer öfter kostengünstigst via Internet beschafft. Einkäufer und Verkäufer verhandeln zukünftig nur noch komplexe Produkte und Dienstleistungen. Und jetzt komme ich zurück auf den Punkt von oben: Sicherheit ist dabei das strategisch wichtigste Ziel.

Was meine ich mit Sicherheit? Beide, Einkäufer und Verkäufer, wollen sicher sein, dass sie mit ihren Entscheidungen sich selbst nicht schaden. Zwei Analogien bringen sehr schön auf den Punkt, was damit gemeint ist.

Zuerst die für den Einkäufer:

Es ist noch niemand gefeuert worden, weil er IBM gekauft hat.

Was steckt hinter diesem Bonmot aus der IT- und EDV-Welt? Wer beim Marktführer kauft, in diesem Fall ist das IBM, der ist auf der sicheren Seite. Es wäre ja nicht der Marktführer, wenn nicht Tausende andere auch dort gekauft hätten. Ein Einkäufer, der einen neuen, eventuell unbekannten Lieferanten holt, riskiert nicht selten seine Reputation innerhalb des eigenen Unternehmens und seine Karrierechancen. Er ist abhängig vom Urteil seiner Kollegen, für die er einkauft. Wer würde da nicht gerne auf der sicheren Seite stehen? Oder zumindest nicht zu früh in einer Verhandlung auf einen einzigen Lieferanten festgelegt sein? Der Einkäufer gewinnt Sicherheit, wenn er Angebote gegeneinander abwägen kann, wenn er Optionen hat.

Jetzt die für den Verkäufer:

Ein schneller Abschluss ist hervorragend. Ein später Abschluss ist eine gute Sache. Ein frühes Ausscheiden ist okay. Ein spätes Ausscheiden ist eine Katastrophe.

Diese „Regel" bedeutet: Schnelle Einigung mit dem Kunden ist ein schneller Verkauf. Was will man mehr? Und wenn man erst nach längeren Verhandlungen zum Zug kommt, ist es immer noch ein Verkauf. Wenn schnell klar ist „Wir kommen nicht zusammen", dann ist das auch gut zu wissen, weil man keine Ressourcen in ein chancenloses Projekt steckt. Am schlimmsten ist es jedoch, wenn man zweiter Sieger wird, weil man den ganzen Prozess bis zum letzten Schritt durchläuft und dann leer ausgeht. Das kann sehr teuer und frustrierend sein, wenn man bedenkt, dass sich so ein Entscheidungsprozess über viele Monate hinziehen und viele Leute involvieren kann. Nachdem der initiale Kontakt hergestellt ist, müssen Entscheider identifiziert und muss der genaue Bedarf ermittelt werden. Dann wird eine Präsentation maßgeschneidert, es kommen Verhandlungen und ein Angebot folgt, dann wieder Verhandlungen und modifizierte Angebote und und und. Und dann – bekommt ein Wettbewerber den Zuschlag.

Übrigens: Dieser Wunsch nach Sicherheit ist der Grund, weshalb im B2B-Segment Werbung recht häufig ein Problem thematisiert, das mit dem beworbenen Produkt/der Dienstleistung gelöst werden kann, während die B2C-Werbung viel häufiger auf „Wunscherfüllung" abhebt. B2B-Werbung ist oft „Weg von"-Werbung, B2C-Werbung ist oft „Hin zu". Vielleicht achten Sie in nächster Zeit einmal darauf.

Zurück zu den beiden Analogien. Diese helfen uns, die richtigen Schlüsse zu ziehen, wenn wir an die verschiedenen Strategien eines Einkäufers und eines Verkäufers gehen:

➤ Der Einkäufer will so lange wie möglich Optionen haben, also Wettbewerb unter den Anbietern.

➤ Der Verkäufer will so früh wie möglich Wettbewerber, also die Optionen des Einkäufers, ausschalten.

Wie man sieht, sind die beiden Strategien nicht nur verschieden, sondern stehen sich sogar diametral gegenüber.

Als Verkäufer lässt sich das „End-Game" viel leichter verhandeln, wenn der Wettbewerb ausgeschaltet ist. Der Einkäufer verhandelt leichter, wenn er dem Verkäufer einen Wettbewerber unter die Nase reiben kann.

 Aufgabe: Definieren Sie Ihre strategischen Ziele

Sie sind jetzt gefordert. Welches sind Ihre obersten Ziele, jene, die unabhängig vom „Gegenstand" immer gelten, wenn Sie in eine Geschäftsverhandlung gehen?

Diese Aufgabe löst man am besten, indem man den Antworten Zeit zur Reife gibt.

➤ Wenn Sie alleine daran gehen, dann nehmen Sie doch die Aufgabe mit zu Routinetätigkeiten, wie zum Beispiel zum Wäsche bügeln oder auf lange Autofahrten. Lassen Sie Ihr Unterbewusstsein dabei helfen. Schauen Sie zunächst einmal, was da kommt, und gehen Sie erst im zweiten Schritt an die Bewertung (das ist wichtig, jenes ist unwichtig).

➤ Wenn Sie Kollegen haben, bearbeiten Sie die Aufgabe gemeinsam. Vielleicht in mehreren Phasen: Unterscheiden Sie Brainstorming – alle Vorschläge und Gedanken sind erlaubt und willkommen – und kritische Gewichtung, bei der das Brainstorming „sortiert" wird.

Eine Strategie ist nicht in Stein gemeißelt

„Die Strategie muss mit ins Feld!", auch das ist von Clausewitz. Und es bedeutet: Sei bereit, die Strategie anzupassen, wenn es nötig oder sinnvoll ist. Wer in die Vorbereitung viel Energie und Zeit investiert hat, der kann in entscheidenden Situationen seine Strategie leichter, eleganter anpassen.

Man kann noch so gut planen, also strategisch vorausdenken, vor überraschenden Situationen oder Wendungen ist man nie sicher. Eine Strategie zu haben heißt daher nicht, „unfehlbar auf dem richtigen Weg zu sein", sondern über ein Navigationsinstrument durch schwieriges Gelände zu verfügen. Denken Sie dabei an Kompass und Landkarte. Als Sie das letzte Mal in der Gegend waren, floss der Fluss ganz ruhig in seinem Bett und Sie konnten an dieser oder jener Stelle ganz sicher übersetzen. Und so ist es auch in der Karte verzeichnet. Jetzt kommen Sie an die besagte Stelle und müssen feststellen, der Fluss hat sich das halbe Tal als Bett genommen und ist zum reißenden Strom geworden.

Es ist irgendetwas außerhalb Ihres Radars passiert. Vielleicht gab es heftige Gewitter in den Bergen oder es ist viel Schnee geschmolzen. Was auch immer geschehen ist, Sie müssen darauf reagieren. Vielleicht wollen Sie die Verhandlungen abbrechen und wiederkommen, wenn sich die Lage beruhigt hat. Vielleicht wollen Sie auch einen Umweg machen und eine Stelle weiter oben suchen, wo der Fluss noch nicht so breit ist. Und vielleicht können Sie sogar einen Hubschrauber rufen, der Sie hinüberfliegt? Auf jeden Fall funktioniert das, was Sie geplant hatten, nicht. Sie müssen Ihre Strategie ändern. Der größte Fehler wäre, unvorbereitet und ungenügend ausgerüstet in den reißenden Strom zu gehen, nur weil der Plan es so vorsieht.

Eine Strategie ändert man nicht leichtfertig. Wenn allerdings die Entscheidung gefallen ist, dass wir umdenken müssen, dann sollte man nicht „halbherzig" daran gehen, sondern tun, was nötig ist.

Scheitern ist eine Alternative

In unserem Kulturkreis wird „Scheitern" als etwas Schlechtes gesehen, als etwas, das man vermeiden muss. *Er ist eine gescheiterte Existenz, ihre Ehe ist gescheitert, an dieser Aufgabe sind alle gescheitert ...* das sind die Wendungen, in denen Scheitern bei uns benutzt wird. Nichtsdestotrotz muss uns als Verhandler klar sein, dass ein Scheitern einer Geschäftsverhandlung ein akzeptables Ergebnis sein kann. Ja, es ist geradezu eine Stärke eines Verhandlers, wenn er Scheitern als Alternative akzeptiert. Nur wer definiert hat, dies und jenes muss ich haben und dies und jenes kann ich nicht akzeptieren, weiß, ob er profitiert oder vielleicht sogar draufzahlt, wenn die Verhandlungsergebnisse umgesetzt werden.

In Geschäftsverhandlungen sind sogenannte Pyrrhus-Siege, bei denen der Sieg mit größten Verlusten „bezahlt" wird, tatsächlich Niederlagen. Deshalb ist es eine strategische Aufgabe für Geschäftsverhandler, die eigene Walk-away-Position festzulegen.

 Merke! Legen Sie vor der Verhandlung fest, was Sie unbedingt haben müssen und worauf Sie keinesfalls verzichten. Wenn Sie das, Ihre Mindestforderungen, nicht bekommen, beenden Sie die Verhandlungen als gescheitert.

Die Verhandlung in der Hand behalten

Kommen wir jetzt noch zu einem besonderen strategischen Ziel: Wir wollen die Verhandlung immer in der Hand behalten. Und das heißt nichts anderes, als dass wir alles unternehmen wollen, um unsere Strategie durchzusetzen. An dieser Stelle greifen wir dem nächsten Kapitel vor und sprechen über Taktik. Was ist das beste Mittel (die beste Taktik), um eine Verhandlung in der Hand zu behalten, um sie zu steuern?

Das gelingt am besten, wenn man festlegen kann, zu welchem Zeitpunkt was besprochen wird. Mit anderen Worten: Wenn wir die Agenda bestimmen können und der andere sich dazu committet. Diese Aufgabe an Land zu ziehen – die Agenda festzulegen –, ist meist gar nicht so schwer. Darum reißt sich selten jemand, weil diese Aufgabe als mühsam und undankbar, sprich unsexy, angesehen wird. Erfahrene Verhandler allerdings wissen um die Macht, die Agenda in der Hand zu haben. Deshalb sollten Sie versuchen, diese Aufgabe in Ihren Einflussbereich zu bekommen.

Eine Agenda ist aber nur dann wirklich wertvoll, wenn sich alle an der Verhandlung Beteiligten dazu committen. Damit das klappt und die anderen nicht einfach nur „ja, ja" sagen, um dann die Agenda doch in Frage zu stellen, sobald es ihnen passt, muss man die anderen zu Beteiligten machen. Die Agenda muss detailliert abgestimmt werden. Besprechen Sie also ganz besonders auch die vermutlich kritischen Stellen vor der Verhandlung.

Ist die Agenda festgezurrt und von allen Beteiligten akzeptiert, bestimmt die Agenda, was wann auf den Tisch kommt. Sie können sich darauf berufen und niemand wird sie in Frage stellen. Sie holen aus der Agenda heraus, was Sie vorher hineingesteckt haben. Sie bestimmen, was verhandelt wird.

Take away

> Die Strategie ist das Instrument, mit dessen Hilfe man zu jedem Zeitpunkt in einer Verhandlung überprüfen kann, ob man noch auf dem richtigen Weg ist.

> Die Überlegungen, die im Vorfeld einer Verhandlung zu einer Strategie führen, stellen sicher, dass Verhandler möglichst viele Aspekte einer kommenden Verhandlung erwägen und anschauen. Man ist sich dann nicht nur der Kräfte und Positionen in einer Verhandlung besser bewusst, sondern hält auch sicherer die Spur, weil die Gefahr, überrascht zu werden, dramatisch verringert wird.

6 Taktik – Den anderen geschickt beeinflussen

Im diesem Kapitel geht es um spezielle und vor allem konkrete Methoden der Beeinflussung. Verhaltensweisen und Kniffe also, die demjenigen Vorteile in Verhandlungen verschaffen, der sie mit Geschick anwendet. Und „mit Geschick anwenden" heißt hier: Argumente und Manipulationen kaum merklich einfließen lassen. Oder auch: wie selbstverständlich aussehen lassen, auch wenn sie das vielleicht gar nicht sind.

Wer gekonnt verhandelt, wirkt natürlich und authentisch. Das ist gut so, wenn wir uns selbst als Verhandler sehen. Und wir müssen uns ständig bewusst machen, dass das auch für den anderen, unser Gegenüber, gilt: Wenn er gut ist, wirkt er völlig natürlich und authentisch, selbst wenn er gerade dabei ist, uns das Fell über die Ohren zu ziehen.

An dieser Stelle noch etwas: Meist schwingt etwas Abwertendes mit, wenn der Begriff Manipulation fällt. Aber es gibt ja auch die Manipulation zum Guten hin, nicht wahr? Ich will hier weder das eine noch das andere ausdrücken, wenn ich den Begriff Manipulation verwende. Ich nutze diesen Begriff hier ganz neutral. Etwa so: Etwas tun oder sagen, um beim anderen eine bestimmte Reaktion auszulösen.

Sie werden in diesem Kapitel wichtige Verhandlungstaktiken kennen lernen. Davon gehören einige zum Standardrepertoire erfahrener Verhandler. Andere hingegen sind auch hoch wirksam, allerdings noch so neu in der Verhandlungsarena – sie kommen beispielsweise aus der Psychotherapie – dass sie bisher kaum als Manipulation im geschäftlichen Umfeld beschrieben wurden.

Die taktische Manipulation kommt in zwei Varianten vor: die auf lange Sicht angelegte, langsam aufgebaute und langsam Wirkung entwickelnde Maßnahme und die unmittelbare Manipulation.

Betrachten wir als erstes zwei mit langer Hand vorbereitete und auf lange Sicht wirksame Taktiken: das *Seeding* und *Enge persönliche Bindung nutzen*.

Seeding

Seeding kommt aus dem Englischen und heißt wörtlich übersetzt „säen". Das heißt, es werden Saatkörner in den Boden gelegt, die zu gegebener Zeit aufgehen und eine Ernte bringen sollen. Seeding-Manipulationen sind nur sehr schwer zu erkennen, besonders wenn der Säer Erfahrung hat.

Erinnern Sie sich an Anwar as-Sadats Trick mit der amerikanischen Verhandlungsdelegation aus dem ersten Kapitel? Er hat da ein ganz einfaches und schnell wirksames Seeding betrieben, als er den amerikanischen Verhandlern um Henry Kissinger ein „ihr Amerikaner seid berühmt dafür, umgänglich und fair zu sein" bewundernd zuschrieb. Diese Profis fielen prompt darauf rein und gaben sich alle Mühe, besonders umgänglich und fair aufzutreten, was zu ihrem Nachteil war. Zum Seeding gehören auch die subtilen negativen Manipulationen aus dem ersten Kapitel, die ich unter „Die Emotionen im Spiel" beschrieben habe.

Das Seeding kommt, wie so vieles in Verhandlungen, ursprünglich aus der Psychotherapie. Und zwar aus der Schule um den Hypnotherapeuten Milton Erikson. Seeding wird dort in etwa umschrieben mit „beiläufig, während allgemeiner Gespräche, wiederholt Suggestionen einstreuen, um eine Einstellungsänderung herbeizuführen."

Wie funktioniert Seeding im Detail? Die Analogie des Pflanzenbaus passt tatsächlich wie angegossen. Die üblichen Schritte sind:

➤ Den Boden bereiten
➤ Säen
➤ Pflegen und Düngen
➤ Ernten

Beispiel: Preiserhöhungen vorbereiten

Die ersten Maßnahmen können bereits ein halbes Jahr oder noch früher vor der Ernte beginnen. Der Verkäufer bringt das Thema in einem informellen Gespräch, vielleicht bei einem Mittagessen, auf die stark ansteigenden Rohstoffpreise. Das wäre „den Boden bereiten".

Dann erzählt er, dass in seinem Unternehmen sehr viel dafür getan wird, um die hohen Rohstoffpreise abzufangen, noch müssten sie nicht an die Kunden weitergegeben werden. Er spricht von Rationalisierungen usw. Damit hat er das Saatkorn gelegt. Das Saatkorn ist ein Gedanke und der Gedanke heißt: Es gibt die Option, dass hohe Einkaufspreise auch für den Kunden spürbar werden könnten.

Im Laufe des nächsten halben Jahres wird der Verkäufer düngen und pflegen. Da gibt es viele Möglichkeiten, wie zum Beispiel:

➤ *Er zeigt dem Kunden, dass die Wettbewerber die Preise erhöhen,*

➤ *er dramatisiert die ansteigenden Rohstoffpreise,*

➤ *er berichtet „bei den Rationalisierungen ist das Ende der Fahnenstange erreicht" und so weiter.*

Mal erzählt er seine „Geschichte" in einem persönlichen Gespräch, so nebenbei, mal kopiert er einen Magazinartikel für seinen Kunden, mal ...

Das Ganze geschieht unaufdringlich, reibungslos – so ganz nebenbei, dass der Kunde keinen Verdacht schöpft, er könnte hier manipuliert werden. Aber, irgendwann kommt der Tag der Ernte. Und dann hat sich beim Einkäufer der Gedanke eingestellt – quasi wie von selbst: Um eine Erhöhung der Preise kommt man gar nicht herum. Das ist irgendwie keine Frage mehr. Bleibt nur noch eine Verhandlung darüber, wie hoch sie ausfällt. Mit anderen Worten: Durch geschicktes Seeding hat der Verkäufer den Einkäufer für die Preiserhöhung „weich" gemacht. Er leistet keinen Widerstand oder fragt gar bei Wettbewerbern des Verkäufers an.

> *Natürlich geht das auch umgekehrt. Ein geschickter Einkäufer kann sein Ziel, bei der nächsten Verhandlung höhere Rabatte herauszuholen, durch Seeding lange Zeit vor der eigentlichen Verhandlung vorbereiten.*

Direkte persönliche Bindung

Eine enge persönliche Beziehung, und das muss nicht private Freundschaft sein, kann ganz natürlich entstehen: im Laufe einer jahrelangen Zusammenarbeit zum Beispiel. Beide Seiten wissen, dass sie sich aufeinander verlassen können. Und das ist viel wert. Allerdings, solch eine Bindung kann auch behindern, ja geradezu ein Hemmnis sein, das Beste für das eigene Unternehmen herauszuholen. Wenn eine solche gewachsene Beziehung auf gegenseitigem Respekt aufgebaut ist, verträgt sie es auch, dass sie hinterfragt wird. Am besten beide Parteien, in diesem Fall sind sie ja schon fast Partner, setzen sich von Zeit zu Zeit zusammen und schauen nach: Machen wir Konzessionen aufgrund unserer Beziehung? Schaden wir vielleicht unserem Unternehmen, um eine gute Beziehung reibungslos am Laufen zu halten? Sollte das Ergebnis der Untersuchung bedenklich sein, kann man sich zum Beispiel für „befangen" erklären und jemand anderen mit dem Verhandeln beauftragen, wenn die gute Beziehung zu wichtig geworden ist.

Kritischer zu sehen sind schnell, in wenigen Wochen oder Monaten entstandene enge Beziehungen. Es gibt nicht wenige, sowohl Ein- als auch Verkäufer, die ein so genanntes „einnehmendes Wesen" haben. Ernst wird die Sache, wenn diese Leute die gute Beziehung zu ihrem Vorteil nutzen – einseitig. Das nennt man auch „ausnutzen". Und das passiert schneller und häufiger, als man glauben möchte. Seien Sie deshalb auf der Hut, wenn Sie den anderen sympathischer finden, als das in der gegebenen Zeit und der geschäftlichen Beziehung normal ist. Wenn Sie das bemerken, sollten Sie hellwach werden. Eine andere Falle ist Dankbarkeit. Es ist eine Sache, sich aus einer geschäftlichen Klemme helfen zu lassen, und eine andere, Danke zu sagen. Wenn Sie glauben, jemandem zu Dank verpflichtet zu sein, sagen Sie sofort Danke. Schreiben Sie eine Postkarte, packen Sie ein Flasche Wein dazu; tun Sie sofort etwas, um Ihre „Schuld" abzutragen. So kommen Sie nicht in die Verlegenheit, sich zu ganz unpassender Zeit zu einer Gegenleistung verpflichtet zu fühlen.

Mit geschäftlicher Klemme meine ich hier auch wirklich geschäftlich und nicht privat. Das darf man nicht vermischen. Zum Beispiel hilft ein Verkäufer einem Einkäufer, der von einem anderen Lieferanten hängen gelassen wurde, damit, dass er alle Hebel in seinem Unternehmen in Gang setzt, um außer der Reihe eine große Menge produktionswichtiger Teile zu liefern. Ein Einkäufer hilft einem Verkäufer, der vielleicht einen Betonlaster zu viel auf die Straße geschickt hat: Wohin mit dem Beton, der wird ja irgendwann fest und muss aus dem Laster? Der Einkäufer nimmt die nicht vorgesehene Ladung für eine seiner Baustellen, was unter Umständen ordentlich Organisationsaufwand bedeutet und Ärger mit dem eigentlichen Lieferanten nach sich ziehen kann.

Was natürlich gar nicht geht und auch strafbar ist, ist Bestechung. Wer bestochen ist oder bestochen hat, der verhandelt nicht mehr, sondern ist bzw. spielt mit einer Marionette.

Kommen wir jetzt zu den **unmittelbar wirksamen Taktiken**. Also zu den Maßnahmen und Interventionen, die im Gegensatz zu den beiden vorangegangenen auch ein Gegenüber anwenden kann, mit dem man noch nicht viel oder gar keinen Kontakt hatte.

Körpersprache wirkt

In Napoleons Armee gab es eine Dienstanweisung für die Offiziere: „Im Zweifel galoppieren!" Napoleon wusste, wenn derjenige, der die Führung innehat – gerade in unklaren Situationen – Entschlossenheit demonstriert, kommen seine Truppen nicht auf dumme Gedanken und die des Gegners werden stark beeindruckt. Entschlossenheit – und auch ihr Fehlen – zeigt sich vor allem in Körpersprache.

Kann uns Napoleons Anweisung an seine Offiziere heute noch etwas sagen? Oh ja, das kann sie. Vielleicht sagen Sie jetzt, Moment mal, im Geschäftsleben heutzutage führen wir ja keinen Krieg, sondern Verhandlungen. Und wir begegnen Geschäftspartnern auch nur noch selten zu Pferde. Okay, Sie haben Recht. Es ist nicht Sinn der Sache, andere zu überrollen. Und Leute, die in Verhandlungen viel galoppieren, vergaloppieren sich auch nicht selten.

Wenn wir also Napoleons Anweisung auf unsere Zwecke – Verhandlungen – übertragen, klingt sie so: **„Demonstriere, dass du die Kontrolle hast!"** Und auch das „Ich habe die Kontrolle" nehmen andere uns nur dann ab, wenn sie es sehen – an unserer Körpersprache.

Mit der Köpersprache ist das allerdings so eine Sache. Manch einer glaubt, dass Arbeiten an der eigenen Körpersprache Mumpitz ist. Ich höre dann so Aussagen wie „wichtig ist, dass man authentisch ist", oder „ich werde mich nicht verbiegen, um mehr (erwünschte) Wirkung zu erzielen". Und wissen Sie, was ich glaube? Wer so denkt, hat die Vorstellung, dass Verhandeln ein schmutziges Spiel ist, bei dem er zwar mitspielen will, aber selbst saubere Hände behalten kann. Das kann nicht gut gehen, nicht wahr?

Nun gibt es Leute – Trainer, Vertriebsleiter usw. – die sagen „stell dich nicht so an, du wirst schon nicht sterben, wenn du ...". Daran ist eines richtig: Man stirbt nicht gleich. Aber man wird über kurz oder lang krank. Diese „Schule"" produziert Wracks. Und was nun? Geht es auch anders, so dass man nicht nach und nach abtakelt, sondern weiter gut gelaunt durchs Leben geht?

Und wie sieht die „andere" Schule aus? Die andere Schule geht von folgender Vorannahme aus: Wenn ich die Kontrolle über eine Verhandlungssituation habe, bestimme ich, was „gespielt" wird. Mit anderen Worten: Wer die Kontrolle hat, hat es auch in der Hand, ob ein „schmutziges" Spiel gespielt wird oder nicht. Wir müssen nicht passiv etwas über uns ergehen lassen und notgedrungen teilnehmen oder aufgeben.

Wenn wir die Kontrolle haben, greifen wir steuernd ein und treffen präzise Entscheidungen. Entscheidungen, die fundiert sind und zu denen wir stehen.

Eine Verhandlung zu kontrollieren, sie zu steuern, das kann man lernen. Das ist Handwerk, Technik. Worauf ich hinauswill, ist: **Ob jemand die Kontrolle hat, kann man sehen! An der Körpersprache, an Mimik und Gestik.**

Bitte prüfen Sie an dieser Stelle, ob Sie folgendem Gedanken zustimmen: Ob wir jemandem (gedanklich oder argumentativ) folgen, der zeigt, dass er die Kontrolle hat, das hängt auch von verschiedenen anderen Dingen ab und lässt sich nicht sicher vorhersagen. Aber – wir folgen niemandem, der Unsicherheit und Zweifel zeigt.

Körpersprache, die Kontrolle ausdrückt, ist in vielen wissenschaftlichen Tests untersucht und wirkt immer! Genauso ist bekannt, wie die Körpersprache des Unsicheren aussieht.

Anmerkung: Grundsätzliche Unsicherheit einerseits und Aufregung/ Lampenfieber andererseits unterscheiden sich körpersprachlich fundamental. Das wird nicht verwechselt.

Da ich weiß, dass in meinen Seminaren immer auch Leute sind, die Körpersprache für eine ziemlich überschätzte Sache halten, habe ich schon lange eine Übung eingebaut, die ich „Ihr Auftritt!" nenne. Die Übung beginnt damit, dass ich zweimal hintereinander den gleichen Auftritt inszeniere. Ich betrete den Raum, laufe in die Position vor die Gruppe und sage: „Guten Tag, ich bin Gerold Braun, und ich werde Ihnen heute ein wichtiges Thema vorstellen." Das ist der ganze Auftritt, den ich gleich darauf wiederhole.

Ein geübter Beobachter, der Körpersprache zu lesen weiß, würde natürlich sofort die Unterschiede in meinen beiden Auftritten erkennen. Aber dieser professionelle Beobachter ist gar nicht notwendig. Meine Seminarteilnehmer sehen das auch – immer! Und obwohl sie zu diesem Zeitpunkt (am Anfang des Seminars) noch nicht wissen, was genau der Unterschied ist, wissen sie ganz genau, dass der eine Auftritt „unsicher, schwach" war, der andere hingegen „sicher, stark, vertrauenserweckend".

Und der einzige Unterschied zwischen den beiden Auftritten: Ich habe mich ein wenig anders bewegt. Und „ein wenig anders" heißt, es macht einen großen Unterschied in der Wirkung, ob ich zum Beispiel

- eine Geste mit am Körper angelegten Oberarmen ausführe oder ob Luft zwischen Oberarm und Körper ist;
- eine Geste unter- oder oberhalb der Gürtellinie ausführe;
- sonstwo hingucke (eigene Fußspitzen?) oder meine Zuhörer anschaue, bevor ich zu sprechen beginne;
- eine Schließgeste während des Sprechens mache (beide Hände berühren sich vor meinem Körper, eventuell nicht mal direkt, sondern zum Beispiel auch mit Hilfe eines Kugelschreibers oder meines Konzeptpapiers als „Brücke"), oder ob ich meinen Zuhörern meine Hände offen zeige;
- mehr schnelle, kleinräumige Bewegungen mache oder mehr ruhige, raumgreifende.

Das sind jetzt nur einige Punkte, die wir im Seminar diskutieren (übrigens: immer die zweite Alternative des geschilderten Verhaltens ist die „Ich habe die Kontrolle"- Haltung). Nach der Diskussion sind meine Seminarteilnehmer an der Reihe mit „Ihr Auftritt!". Interessanterweise ist es so, dass die allermeisten Menschen diese „Ich habe die Kontrolle"-Körpersprache gar nicht lernen müssen. Man – Sie haben das schon drauf. Dann nämlich, wenn Sie in einer Situation sind, die Sie tatsächlich kontrollieren. Auch wenn Sie es unbewusst „spielen", andere spüren, dass Sie die Kontrolle haben.

In Verhandlungen, gerade wenn sie beginnen, ist naturgemäß nicht klar, wer hier die Kontrolle hat (sonst wären es keine Verhandlungen, sondern „Befehlsausgabe" oder „Informationsgespräche" oder was weiß ich). Am besten, man hilft da – und immer dann, wenn es unklar wird – ein bisschen nach, sorgt dafür, dass die anderen gern folgen, sich führen lassen. Und das tun Sie mit „Ich habe die Kontrolle"-Körpersprache.

Ist perfekte Körpersprache der Trick, der alles immer zum Guten wendet? Nein. Wenn keine Substanz dahinter ist, ist es Bluff. Und wer viel blufft, treibt ein schmutziges Spiel. Das führt eher früher als später in den Wrackzustand.

Als Verkäufer vertreiben Sie ein marktfähiges Produkt/Dienstleistung? Und Ihre Kunden machen einen guten Griff mit Ihnen? Als Einkäufer stehen Sie in der Pflicht für Ihr Unternehmen und wollen in Ihrer Karriere weiter vorankommen? – Dann haben Sie allen Grund, die Kontrolle in Verhandlungen zu übernehmen. Und mit Ihrer Körpersprache zeigen Sie es!

Übrigens – ich warte immer noch auf den ersten, der zu mir sagt: Sie haben mich verbogen mit Ihrem Seminar. Ich bin nicht mehr authentisch, weil ich jetzt ein wenig Luft zwischen Oberarm und Oberkörper lasse.

Mach' es dringlich

Man kennt das von der Verkäuferseite her: „Kaufen Sie jetzt! Nur noch drei Stück auf Lager." Oder der vertrauliche Anruf: „Eigentlich darf ich das gar nicht sagen, aber wir erhöhen zum 1. August die Preise um sieben Prozent. Wenn Sie im Juli noch – jetzt gleich – ordern ..."

Der Trick heißt **Bedürftigkeit erzeugen**: „Wenn Du, lieber Einkäufer, jetzt nicht zuschlägst, verpasst du *die* Gelegenheit. Wer weiß, ob du noch einmal diese Chance bekommst."

Was viele allerdings nicht wissen: Das funktioniert auch anders herum. Und ein gewiefter Einkäufer weiß, wie er Bedürftigkeit beim Verkäufer schafft. Erinnern Sie sich an das Beispiel des IT-Verkäufers aus meinem E-Mail-Coaching, das in Kapitel 3 beschrieben ist (siehe Seite 94). Der Einkäufer dort arbeitete mit dem Dringlichkeits-Trick.

Außerdem nutzte er das Konsistenzprinzip: Wir tun sehr viel dafür (zum Beispiel mit dem Preis heruntergehen), um vor uns selber Recht zu behalten. Mit anderen Worten: Der Einkäufer ließ mit einem Trick den Verkäufer gegen sich selbst ankämpfen. Das war ihm aber nicht genug. Er wollte auf Nummer sicher gehen und ließ den Verkäufer vorab schon investieren. Er forderte Vorabinvestitionen. Damit meine ich die geforderte und geleistete Anpassung. Wie das wirkt, sehen wir in der nächsten Taktik.

Fordere Investitionen

Ich denke, wir alle wissen, wie schwer es ist, eine Sache verloren zu geben, in die man bereits investiert hat. Und noch etwas kommt jetzt hinzu – nicht wenige Einkäufer legen es wissentlich genau darauf an: Unser Verkäufer steht vielleicht plötzlich bei Kollegen im Wort. Vielleicht hat er werben müssen, damit die Anpassung programmiert wird: „ ... dann unterschreibt der Kunde den Vertrag." Vielleicht hat er sogar gedroht: „Ohne die Anpassung verlieren wir den Auftrag."

Wie hoch ist jetzt sein Druck beim nächsten Anruf? Und zu welchen Zugeständnissen ist ein Verkäufer in so einer Situation bereit? Ich weiß es nicht genau. Aber ich kenne Einkäufer (und Verkäufer!), die häuten lebendig.

Was muss man tun, wenn man in solch eine Situation geraten ist?

➤ Als erstes: Klar Schiff machen. Das heißt, die eigenen Emotionen anschauen, erkennen und für eine Weile bei Seite packen. Lesen Sie dazu noch einmal das erste Kapitel dieses Buches.

➤ Als zweites: Aus der Defensive herauskommen und angreifen. Also anrufen und Entscheidungen fordern. Kurz: die Verhandlung führen.

Und nun endlich **zum Preis**. Die Frage, die jeder gerne vor der Verhandlung beantwortet hätte: Wie findet man heraus, was der Einkäufer bezahlen bzw. was der Verkäufer haben will? Die nächsten Taktiken dienen dazu, genau das herauszubekommen.

Mach' ein Angebot, das garantiert daneben liegt

Der Einkäufer macht dem Verkäufer ein Angebot, das weit unter dem tatsächlichen Preis liegt, den der Einkäufer natürlich sehr gut einschätzen kann. Sein Angebot ist so weit darunter – und der Einkäufer tut auch sehr überrascht, so weit daneben zu liegen – dass der Verkäufer nach einigem Hin und Her zu dem Schluss kommt: Das ist zwar ein netter Kerl, aber kein Kunde für mich.

Er entspannt, es wird ja jetzt nicht verhandelt. Vielleicht trinkt man eine Tasse Kaffee und kommt ins Plaudern. Und ganz sicher fragt der Einkäufer ganz unschuldig: Das würde mich aber einmal interessieren, was wird denn für Ihr Produkt so gezahlt am Markt? Der Verkäufer erzählt und erzählt (habe ich schon erwähnt, dass fast alle Verkäufer gerne plaudern?) und staunt nicht schlecht, wenn der Einkäufer auf einmal ein Angebot macht, das ungefähr beim niedrigsten Preis liegt, den er soeben in der Erzählung gehört hat.

Das funktioniert natürlich auch umgekehrt mit dem Verkäufer als Anwender der Taktik *„Mach' ein Angebot, das garantiert daneben liegt."* Der Verkäufer nennt einen sehr hohen Preis und bleibt eisern dabei. So lange, bis der Einkäufer den Preis nennt, den er zu zahlen gewillt ist. Wahrscheinlich – es ist schließlich Aggression, vom Verkäufer aufgebauter Druck in der Verhandlung – wahrscheinlich wird der Preis, den der Einkäufer nennt, sehr niedrig sein. Man ist jetzt also meilenweit auseinander.

Der Verkäufer gibt sich überrascht und sagt: „Okay, ist klar, bei der Differenz bin ich aus dem Rennen." Der Einkäufer entspannt, es wird ja schließlich nicht weiter verhandelt. Vielleicht trinkt man jetzt eine Tasse Kaffee und kommt ins Plaudern. Und ganz sicher fragt der Verkäufer ganz unschuldig: „Das würde mich aber mal interessieren, was wäre denn ein guter Preis für Sie?" Der Einkäufer redet über seine reale Preisvorstellung und staunt nicht schlecht, wenn der Verkäufer sagt: „Ich werde unseren Preis noch einmal durchrechnen, mal sehen, ob ich Ihnen morgen nicht ein gutes Angebot machen kann."

Die Was-wäre-wenn-Masche

Zuerst der Verkäufer: Der Einkäufer bleibt zäh bei einem niedrigen Angebot. Jetzt fragt sich der Verkäufer: Ist der so zäh oder hat er wirklich nicht das Budget, um meinen Wunschpreis zu zahlen. Also testet er, wie es um das Budget steht: „**Was wäre, wenn** die Installation und Wartung fürs erste Jahr mit drin wären? Wäre Ihnen das 150 000 Euro wert?" Wenn der Einkäufer rasch anbeißt, weiß der Verkäufer, dass ein Budget über 150 000 Euro (und vielleicht mehr) vorhanden ist.

Jetzt der Einkäufer: Der Verkäufer nennt selbstbewusst seinen Preis. Der Einkäufer nicht zustimmend und sagt: „**Was wäre, wenn** wir nicht 300 Stück, sondern 1 500 abnehmen? Wie sieht Ihr Preis dann aus?" Sieht der Verkäufer nur den großen Auftrag (ein Luftschloss bis jetzt) und beginnt mit Freude, den Preis zu senken, weiß der Einkäufer, wie tief der Preis zu drücken ist – auch wenn er keine 1 500 Stück bestellt.

Reaktion auf außergewöhnliche Preise testen

Der Verkäufer erzählt dem Einkäufer von einem Geschäft, bei dem er kürzlich einen sehr hohen Preis erzielt hat, und beobachtet dabei, wie der Einkäufer darauf reagiert. Umgekehrt erzählt der Einkäufer von einem Geschäft, bei dem er kürzlich zu sehr niedrigem Preis zum Zuge gekommen ist und beobachtet dabei die Reaktion des Verkäufers.

Jetzt noch drei Basistaktiken, die man in Verhandlungen grundsätzlich beachten sollte.

Gib' nicht, ohne gleichzeitig zu fordern

Wie man Konzessionen macht, also gibt, ist oft wichtiger, als das, was man gibt. Wer schnell und vielleicht auch noch große Zugeständnisse macht, der weckt Argwohn: Stimmt etwas nicht mit dem Produkt, weil der Verkäufer jetzt schon zweimal ohne Widerstand den Preis senkt? – Was ist mit diesem Einkäufer los? Braucht der das Produkt so dringend von mir, weil andere ihm vielleicht gar nichts mehr verkaufen?

Und noch etwas spielt eine Rolle: Leichte Siege werden nicht gewürdigt. Der andere hat nicht das Gefühl, dass man ihm wirklich ein Zugeständnis – oder zumindest kein wertvolles – gemacht hat. Bei einem schnellen Zugeständnis, ohne dass ihm eine Gegenleistung abverlangt wird, fühlt er sich ermuntert, weiter zu fordern. Es kostet ihn ja nichts.

Deshalb: Zugeständnisse immer mit Forderungen verbinden. Das zeigt dem anderen, dass es ihn etwas kostet – er muss sich seinen Erfolg verdienen – und dass das Zugeständnis auch für uns seinen Wert hat.

Einkäufer zum Verkäufer: In Ordnung, ich verstehe, Sie können mir nicht weiter mit dem Preis entgegenkommen. Der Preis geht in Ordnung, wenn die Wartung für das erste Jahr darin enthalten ist.

Verkäufer zum Einkäufer: Wir liefern zu diesem Preis ohne Aufschlag direkt an Ihre verschiedenen Standorte, wenn Sie uns als Alleinlieferanten nehmen.

Lass' den anderen sein Gesicht wahren

Verhandlungen spielen sich immer auf zwei Ebenen ab: der geschäftlichen und der persönlichen. Ein geschäftlich unvorteilhaftes Verhandlungsergebnis braucht nicht unbedingt auch ein persönlich unvorteilhaftes zu sein. Eventuell gibt es gute Gründe für das Ergebnis und der „Verlierer" kann dieses Ergebnis seinen Leuten erklären. Dann behält er seine Reputation in den Augen der anderen. Auf der anderen Seite: Ein Gesichtsverlust liegt jedem schwer und lange im Magen, da kann das geschäftliche Ergebnis noch so gut sein. Noch sensibler ist das Thema und noch schwerer wiegt Gesichtsverlust, wenn die eigenen Leute, wie Kollegen oder Chef, zugegen sind.

Nun liegt es in der Natur der ernsthaften Verhandlung, dass das Angebot des anderen in Frage gestellt wird. Und dabei kann man nicht immer Samthandschuhe tragen. Bei einer Verhandlung kann es richtig zur Sache gehen. Harte persönliche Attacken sollte man bleiben lassen. Eine alte Weisheit sagt: Man sieht sich immer zweimal im Leben. Und Ärger, Wut oder Scham sind Gefühle, die man einfach nicht auslösen will – der Bumerang kommt meistens zurück, in Form von Beschwerden, schlechter Mund-Propaganda, harten, persönlichen Gegen-Angriffen und anderem mehr.

Stattdessen greift man sachliche Positionen an und formuliert so, dass der andere entweder einen eleganten Ausweg findet oder sich gar nicht persönlich angegriffen fühlen kann. Ausweg heißt hier, es gibt eine dritte Partei, die nicht am Tisch sitzt und wahrscheinlich Schuld ist. Ein paar Beispiele:

> *Mir ist schon klar, die Rechtsabteilung will immer, dass ... das ist bei uns nicht anders als bei Ihnen, aber können wir beide hier nicht ...*

> *Diese Standard-Prozeduren (Papierkram, Prüf- und Abzeichnungsroutinen etc.) können schon hilfreich sein, aber kommen wir beide hier nicht besser voran ...*

Es könnte sein, dass Ihre Entwicklungsabteilung Sie hier auf die falsche Spur gesetzt hat ...

Wenn man keine dritte Partei als Schuldigen anführen kann, setzt man auf Formulierungen, die verhindern, dass sich einer persönlich attackiert fühlt. Das Prinzip ist einfach: Bevor man seinen Punkt macht, zeigt man Verständnis für die Position des anderen. Und Verständnis zeigen heißt nicht „ich bin einverstanden", sondern „ich höre dich, ich verstehe dich". Ein paar Beispiele:

Ich verstehe, was Sie meinen, aber ich denke ...

Da gibt es sicher mehrere Ansichten, aber ich denke ...

Mit Ihrer Position sind Sie nicht alleine, aber ...

Unsere Positionen sind gar nicht so weit auseinander, denn schauen Sie ...

Ich verstehe Ihre Position auf der Basis Ihrer Vorannahmen, aber haben Sie auch bedacht ...

Das „Ja ... aber", in vielen anderen Kommunikationssituationen eher hinderlich fürs Fortkommen, ist hier bei einer Konfrontation genau das Mittel der Wahl.

Faktor Zeit

Zeit ist Geld. Ein altes Sprichwort und wohl nirgends wahrer als beim Verhandeln, denn: Je mehr Zeit einer investiert, in die Vorbereitung und in die Verhandlung selbst, desto mehr Gewinn holt er heraus. Schnell durchgepeitschte Geschäfte stellen sich oft als schlechte Geschäfte heraus. Der Käufer bekommt vielleicht einen günstigen Preis, aber nicht das, was er eigentlich wollte/brauchte. Der Verkäufer hat einen unzufriedenen Kunden, der Nachbesserungen und Nachverhandlungen fordert. Ärger und Verluste auf beiden Seiten. Ärger und Verluste, die erfahrene Profis von vornherein ausschalten.

Bei schnell abgeschlossenen Geschäften, ich habe es eben schon angedeutet, geht es in der Verhandlung fast immer nur um den Preis. Für komplexe Geschäfte, bei denen Käufer-Unternehmen und Verkäufer-Unternehmen vielleicht auch noch eine lange und enge Beziehung eingehen, ist mangelnde Sorgfalt beim Verhandeln tödlich. Das Geschäft oder besser die Beziehung zwischen den Unternehmen stirbt im wahrsten Sinne des Wortes. Nicht selten kommt es in der Folge zu einer besonderen Verhandlung: einer Gerichtsverhandlung. Wenn es bei einem Geschäft ausschließlich um den Preis geht, ein Unternehmen kauft beispielsweise eine handelsübliche Chemikalie, warum sollten dann gut ausgebildete und gut bezahlte Leute verhandeln? Das einkaufende Unternehmen stellt seinen Bedarf auf eine E-Commerce-Plattform ins Internet, startet eine Reverse-Auction und der zum Zeitpunkt des Auktionsendes billigste Bieter bekommt den Auftrag.

Bei komplexen Geschäften ist der Preis allerdings nur die Spitze des Eisbergs, das, was man zuerst einmal sieht und das, was auch jeder sofort versteht. Was man nicht sofort sieht, ist der große Rest des Eisbergs. Und das aber ist es, was bei einer Verhandlung hauptsächlich bearbeitet wird. Es ist eine spannende Aufgabe, die Ausmaße und die Zusammensetzung des Eisbergs zu ergründen. Er besteht aus einem Konglomerat, das enthält, aber nicht beschränkt ist auf: Liefertermine, Konditionen, Sonderausführungen, Prozesse, Wünsche, Erwartungen, Prüfe wer sich bindet, gegenseitiges Vertrauen in Leistungsfähigkeit ...

Und nur wer sich die Zeit nimmt, all das anzuschauen und in Einklang zu bringen – kurz: wer gekonnt verhandelt, der wird dauerhaft profitable Geschäfte machen. Und das Können wächst mit jeder geführten Verhandlung.

Take away

➤ Taktik funktioniert am besten, wenn sie in einer Verhandlung wie beiläufig einfließt. Wer taktiert, muss das natürlich und authentisch tun, sonst wird er leicht durchschaut und ausgekontert. Taktik schüttelt man nicht aus dem Ärmel; man übt eine Taktik vorher, damit sie in der Verhandlung reibungslos einfließen kann.

➤ Taktisches Können ist wichtig, Noch wichtiger allerdings ist, das Ziel einer Verhandlung – das, was man erreichen will – zu kennen und einen Plan zu haben, wie man an dieses Ziel kommt. Kurz: Strategie ist wichtiger als Taktik.

7 Sofort-Programm: Die 7 goldenen Regeln für Verhandler

Was könnte man jemandem als Hilfe an die Hand geben, der wenig Zeit hat, zum Beispiel zu wenig, um dieses Buch zu lesen, und trotzdem in einer bevorstehenden geschäftlichen Verhandlung ein gutes Ergebnis erzielen will? Oder anders gefragt: Was wäre die höchste Verdichtung des Stoffes in diesem Buch? Hier ist diese Verdichtung auf 7 Regeln. Und ich habe sie die „goldenen" genannt, nicht nur weil es wertvoller klingt als einfach nur „7 Regeln", sondern weil sie – im Kopf immer präsent während einer Verhandlung – wirklich helfen, Fehler zu vermeiden.

Noch wertvoller in Verhandlungen sind sie natürlich für denjenigen, der auch die Hintergründe dazu verstanden hat, wie sie in diesem Buch dargelegt sind, und dieses Wissen ganz nutzen kann.

Warum 7? Die 7 ist eine magische Zahl. Sie zieht uns an, wir schauen hin. Und deshalb habe ich die 7 gewählt, damit Sie hingucken, in diesen Text hineingezogen werden und die 7 Regeln durchdenken. Es gibt allerdings noch einen Grund. Sieben ist die Anzahl von Informations-Einheiten, Chunks genannt, die ein durchschnittliches Kurzzeitgedächtnis präsent halten kann. Mehr wäre also zu viel, unproduktiv. An die 7 goldenen Regeln können Sie sich schnell und leicht erinnern. Mehr Informationen zu Chunks, Gedächtnis und zur 7 hat wikipedia.de im Internet unter dem Stichwort „Millersche Zahl".

Übersicht

1. Gekonnt verhandeln heißt systematisch verhandeln.
2. Eine klare Strategie ist wichtiger als clevere Verhandlungstaktik.
3. Je größer der Druck, die Anspannung, desto wichtiger ist Körperkontrolle.
4. Vergrößere den Ressourcenverbrauch (Zeit, Geld etc.) des anderen mit jedem Verhandlungsschritt; verringere dein Nachgeben mit jedem Schritt.
5. Akzeptiere niemals das erste Angebot!
6. Gib nicht, ohne gleichzeitig zu fordern.
7. Beantworte niemals eine Frage, die nicht gestellt wurde.

Die 7 goldenen Regeln einzeln betrachtet

1. Gekonnt verhandeln heißt systematisch verhandeln.

Jeder professionelle Verhandler, und professionell sind solche, denen es nicht genügt, hin und wieder einen Zufallstreffer zu landen, geht systematisch vor. Es gibt unter den sehr erfolgreichen eine ordentliche Anzahl, denen gar nicht bewusst ist, dass sie systematisch verhandeln. Sie machen anscheinend intuitiv alles richtig, allerdings, wenn man genauer hinsieht, ist schnell klar: Was wie „Eingebung" aussieht, ist oft fundierte Erfahrung. Diese Leute wissen genau, was sie tun, ohne es beschreiben – in Anweisungen fassen zu können. Sie schöpfen aus langer und tiefer Erfahrung.

Wer diese Erfahrung nicht hat, der muss zwangsläufig erst einmal jahrelang unsicher in Verhandlungen gehen und viel Lehrgeld zahlen, bis er weiß wie es geht? – Nein. Man kann Verhandeln systematisch lernen und somit seine Ausgangsposition in einer Verhandlung dramatisch verbessern.

Fazit: Es gibt also zwei Möglichkeiten, wie jemand ein erfolgreicher Verhandler wird: Entweder durch viel Erfahrung oder indem er mit einem wirksamen System verhandelt. Dieses Buch gibt dem Verhandler ein solches schlankes, griffiges System an die Hand.

2. Eine klare Strategie ist wichtiger als clevere Verhandlungstaktik.

Wer in Verhandlungen mal hierhin schlägt und mal dahin, so wie mit einer Fliegenklatsche nach Fliegen, der kommt nicht weit, weil er nur auf das reagiert, was auf ihn zukommt bzw. was er gerade wahrnimmt. Und das bleibt auch dann wahr, wenn er sehr geschickt mit der Fliegenklatsche umgeht. Die Chancen erhöhen sich dramatisch, wenn man ein klares Ziel hat und einen Plan, wie man dieses Ziel erreichen will. Beides zusammen, das Ziel und der Plan, ergibt die Strategie.

Wie unterscheiden sich Strategie und Taktik? Strategie ist der Aktionsplan oder auch die Gesamtkonzeption. Taktik ist das, was tatsächlich im entscheidenden Moment angewendet wird.

Ein Beispiel aus Sicht eines Einkäufers:

Als Einkäufer suche ich einen Lieferanten für ein bestimmtes Produktionsmittel. Zuerst spezifiziere ich mein Ziel und das könnte so lauten: Ich will einen zuverlässigen Lieferanten, der A-Qualität zu einem Preis nicht höher als X liefert. Mein Plan sieht so aus, dass ich zehn bis zwölf Lieferanten kontaktiere, um dann in zwei bis drei Entscheidungsrunden die beiden Finalisten zu qualifizieren, mit denen ich in tiefere Verhandlungen einsteige. Das wäre meine Strategie.

Wie mein Kontaktieren aussieht, also meine Leistungsanfrage, ob der jeweilige Lieferant grundsätzlich meinen Bedarf bedienen kann, das ist dann meine Taktik: Ich kann anrufen, eine E-Mail schicken oder ganz formal einen Brief schreiben. Was tun die Kontaktierten? Tun sie überhaupt etwas? In der nächsten Qualifizierungsrunde, es sind schon weniger geworden, habe ich die

> *Möglichkeit, die Vertreter zu mir kommen zu lassen, mir selbst ein Bild bei den Unternehmen vor Ort zu machen oder auf einer Fachmesse das Unternehmen in Augenschein zu nehmen. Auch das ist eine taktische Entscheidung, je nachdem, was ich erkennen will.*
>
> *Schließlich habe ich meine zwei Finalisten. Ich kann mit jedem separat verhandeln oder auch simultan (wenn beide da mitspielen). Mein Plan ist dann am Ende aufgegangen, mein Ziel (Zweck) ist erreicht. Die Strategie war erfolgreich.*

Gekonnt zu taktieren ist quasi die Kür. Weit wichtiger ist die Pflicht: Man muss ein klares Ziel vor Augen haben und einen Plan verfolgen, der einen zu diesem hinführt.

3. Je größer der Druck, die Anspannung, desto wichtiger ist Körperkontrolle.

Ein guter Verhandler ist nicht nur geistig, sondern auch körperlich fit. Und er weiß mit seinem Körper umzugehen, er weiß, dass wir durch Haltung, durch Körpersprache innere Zustände, Stimmungen herbeiführen können. Ist es nicht interessant zu sehen, dass gerade dort, wo es um Leben und Tod geht, nämlich beim Militär, auf Körpersprache und Haltung größtes Gewicht gelegt wird.

Bestes Beispiel dafür ist eine Dienstanweisung von Napoleon an seine Offiziere: „Im Zweifel galoppieren!" Napoleon wusste, wenn derjenige, der die Führung innehat – gerade in unklaren oder gefährlichen Situationen – Entschlossenheit demonstriert, kommen seine Truppen nicht auf dumme Gedanken und die des Gegners werden stark beeindruckt. Entschlossenheit – und auch ihr Fehlen – zeigt sich vor allem in Körpersprache.

Wir sind nicht auf dem Schlachtfeld, es ist nicht Sinn der Sache, andere zu überrollen. Und Leute, die in Verhandlungen viel galoppieren, vergaloppieren sich auch nicht selten. Aber eine gute Kontrolle über die eigene Körpersprache, die eigene Haltung, ist enorm wichtig, um uns den Kopf für richtige Entscheidungen – gerade in der Hitze des Gefechts – frei zu halten.

4. Vergrößere den Ressourcenverbrauch (Zeit, Geld, etc.) des anderen mit jedem Verhandlungsschritt, verringere dein Nachgeben mit jedem Schritt.

Wer nachgibt, was manchmal unausweichlich ist, um auf einen gemeinsamen Nenner zu kommen, der muss das wirkungsvoll tun. Wie viel jemand nachgibt und die Art und Weise, wie er es tut, sprechen Bände. Gibt einer in gleichmäßigen Schritten und/oder gibt einer leichtfüßig und leichten Herzens Rabatt, dann weiß der andere: Solange das so geht, ist da noch mehr drin.

Wie gibt man richtig nach? An zwei Beispielen wird es klar.

Ressourcen des anderen verbrauchen:

In einem ersten Schritt haben Sie vielleicht nach kurzem Nachdenken und einem kleinen Stirnrunzeln einen Rabatt gegeben (siehe auch Goldene Regel 6.) In einer zweiten Runde müssen Sie vielleicht erst einmal ausführlich schriftlich kalkulieren – Sie unterbrechen quasi die Verhandlung. Das kostet den anderen Zeit und Nerven. Und bei der dritten Forderung müssen Sie nicht nur ausführlich Unterlagen wälzen und kalkulieren, sondern Sie müssen auch noch ein oder mehrere Telefongespräche mit Leuten in Ihrem Unternehmen führen. Sie wissen: Zeit ist Geld. Sie haben deshalb genug Zeit für diese Verhandlung mitgebracht. Und Sie nutzen die Zeit voll aus. Ob Sie da tatsächlich ausführlich kalkulieren und telefonieren, oder ob Sie vielleicht an einem Angebot für einen anderen Kunden arbeiten, wer weiß das schon. Wichtig ist, dass der andere merkt: Mit jeder neuen Forderung muss er mehr Zeit, mehr seiner kostbaren Ressourcen investieren.

Nachgeben in kleiner werdenden Schritten:

Wenn Sie schon einmal so genannten Marktschreiern beim Verkaufen zugeschaut haben, ist Ihnen vielleicht aufgefallen, wie diese Leute auf ein Angebot immer mehr draufpacken, bis der ausgeguckte Kunde schließlich nicht anders kann als kaufen. Sie packen aber nicht willkürlich mehr drauf, sondern mit Methode. Das Ganze beginnt so: „Junge Frau, schauen Sie mal her, Sie bekom-

men diese fünf fangfrischen Fische für 10 Euro." Die angesprochene Passantin – und mit ihr etliche Schaulustige – bleibt stehen und taxiert das Angebot: Es ist nicht schlecht, aber auch nicht wirklich gut. „Ich seh' schon", ruft der Marktschreier, „Sie können scharf rechen, und deshalb lege ich noch zwei ganz frische Heringe dazu. Es bleibt bei 10 Euro." Jetzt ist es ein wirklich gutes Angebot. Aber die Kundin zögert noch, eigentlich wollte sie heute keinen Fisch kaufen, allerdings, das Angebot ist gut, ist verlockend ...
„Und weil Sie so'n hübsches Lächeln haben, lege ich noch eine kleine Makrele extra für Sie oben drauf. All das zusammen macht nur 10 Euro, abgemacht?" Die Kundin kann nicht länger widerstehen und weiß auch, dass es keine Zulage mehr gibt, und kauft.

Der Fischhändler hat in kleiner werdenden Schritten nachgelegt; erst zwei Heringe, dann eine kleine Makrele. Und wenn die Kundin dann noch nicht gekauft hätte, hätte er als letzte Zugabe noch ein Bündchen Petersilie draufgelegt. Das wäre das letzte Kaufsignal gewesen, bevor er der Kundin das „Exklusivrecht" auf dieses Angebot entzogen und an einen der Schaulustigen verkauft hätte.

Was wäre passiert, hätte er nach den ersten beiden Heringen weitere zwei Heringe draufgelegt? Er hätte signalisiert, dass sein erstes Angebot, fünf Heringe für 10 Euro, ein schlechtes Angebot war. Und er hätte die Leute misstrauisch gemacht: Stimmt etwas nicht mit dem Fisch, wenn er ihn so verschleudert? Anstatt durch Verknappung einen Spannungsbogen zum Abschluss hin aufzubauen, schafft er Skepsis gegenüber seinem Produkt.

Genau das Gleiche passiert in jeder Verhandlung, in der eine Partei immer weiter gleich oder ähnlich große Zugeständnisse macht: Misstrauen macht sich breit. Und Misstrauen ist tödlich in Geschäftsbeziehungen. Der Verkäufer, der mit 2 000 Euro beginnt und dann in 200er Schritten absteigend bei 1 400 Euro angelangt ist, verkauft auch nicht bei 1 400 (wenn er überhaupt noch mit diesem Kunden ins Geschäft kommt). Geht der gleiche Verkäufer aber zuerst vielleicht 140 Euro und dann noch einmal 40 Euro runter, weiß der Käufer, dass 1 800 Euro wohl die unterste Grenze des Verkäufers ist. Zehn Prozent peu à peu und in kleiner werdenden Schritten nachgelassen, ist für den „gesunden Menschenverstand" im normalen Rahmen, schafft daher kein Misstrauen und wertet ein Produkt/ eine Dienstleistung nicht wirklich ab. Im B2B-Bereich wird allerdings der Verkäufer vielleicht als „Leichtgewicht" angesehen. Und vielleicht präpariert er sich zukünftig besser, sodass er keine zehn Prozent mehr nachlassen muss.

5. Akzeptiere niemals das erste Angebot!

Stellen Sie sich vor, wir beide würden verhandeln. Sie, als Verkäufer, haben mir, dem Einkäufer, Ihr Produkt vorgestellt und ich habe echtes Interesse gezeigt. Ich frage Sie nach dem Preis, und Sie nennen ihn. Nach einer kleinen Schweigeminute lege ich meine Stirn in Falten und sage: „Wenn Sie da zehn Prozent runtergehen, machen wir das Geschäft." Wenn Sie darauf so ohne weiteres eingehen, haben wir beide ein Problem. Warum?

Schauen wir in den Einkäufer hinein, was da passiert. Er denkt sich „Mist, der ist sofort auf deine zehn Prozent Forderung eingegangen. Da hättest du es auch mit zwanzig Prozent probieren können." Entweder der (erfahrene) Einkäufer legt sofort nach und erhöht seine Forderung, womit die Verhandlungen erst richtig losgehen, oder er (der unerfahrene) schluckt sein Unbehagen. Allerdings ist für ihn dieser Verkäufer dann für alle Zeiten „der Mann, dem ich zu viel gezahlt habe". Beides keine gute Position für einen Verkäufer.

Und was hätte der Verkäufer besser stattdessen getan? Verständnis gezeigt und die Forderung zurückgewiesen. Zwei Beispiele:

Ich verstehe, dass Sie einen guten Preis wollen, und ich kann Ihnen versichern, dass ich Ihnen einen sehr guten Preis gemacht habe.

Das ist clever, dass Sie das beste Geschäft machen wollen. Aber Sie werden de facto nirgends einen besseren Preis bekommen.

Auch wenn der Verkäufer mit den zehn Prozent bestens leben könnte, zeigen darf er das – bei einem ersten Angebot – nicht. Er beginnt eine Verhandlung.

Und wer sagt, dass man bei einem hartnäckigen Verhandler nachgeben muss, der die erste Ablehnung nicht akzeptiert und der nachhakt? Übrigens: als Einkäufer sollte man unbedingt nachhaken. Und als Verkäufer kann man versuchen, das so zu parieren:

Ich wusste, dass Sie nur den besten Preis akzeptieren. Deshalb habe ich im Voraus schon mit ganz spitzem Bleistift gerechnet, damit ich Ihnen wirklich den besten Preis geben kann.

6. Gib nicht, ohne gleichzeitig zu fordern.

Wie man Konzessionen macht, also gibt, ist oft wichtiger als das, was man gibt. Wer schnell und vielleicht auch noch große Zugeständnisse macht, der weckt Argwohn: Stimmt etwas nicht mit dem Produkt, weil der Verkäufer jetzt schon zweimal ohne Widerstand den Preis senkt? – Was ist mit diesem Einkäufer los? Braucht der das Produkt so dringend von mir, weil andere ihm vielleicht gar nichts mehr verkaufen?

Und noch etwas spielt eine Rolle: Leichte Siege werden nicht gewürdigt. Der andere hat nicht das Gefühl, dass man ihm wirklich ein Zugeständnis – oder zumindest kein wertvolles – gemacht hat. Bei einem schnellen Zugeständnis, ohne dass ihm Gegenleistung abverlangt wird, fühlt er sich ermuntert, weiter zu fordern. Es kostet ihn ja nichts.

Deshalb: **Zugeständnisse immer mit Forderungen verbinden.** Das zeigt dem anderen, dass es ihn etwas kostet (er muss sich seinen Erfolg verdienen) und dass das Zugeständnis auch für uns seinen Wert hat.

Beispiele:

Einkäufer zum Verkäufer: In Ordnung, ich verstehe, Sie können mir nicht weiter mit dem Preis entgegenkommen. Der Preis geht in Ordnung, wenn die Wartung für das erste Jahr darin enthalten ist.

> *Verkäufer zum Einkäufer: Wir liefern zu diesem Preis ohne Aufschlag direkt an Ihre verschiedenen Standorte, wenn Sie uns als Alleinlieferanten nehmen.*

7. Beantworte niemals eine Frage, die nicht gestellt wurde.

Gleich zwei Beispiele:

> *Der Verkäufer nennt seinen Preis und sagt gleichzeitig: „Natürlich können wir darüber reden".*

> *Der Einkäufer nennt das Datum, wann er die Lieferung will, und sagt gleichzeitig: „Sie sind meine letzte Hoffnung, die anderen müssen bei dieser kurzen Frist alle passen."*

Beide sind nicht besonders clever. Ein Einkäufer, der das „natürlich können wir über den Preis reden" nicht als Aufforderung zum Preisdrücken versteht, ist sein Geld nicht wert. Und ein Verkäufer, der als „letzte Hoffnung" nicht ein paar Vorteile für sich heraushandelt, ebenso wenig. So leichtfertig geben dem anderen eigentlich nur Anfänger die Pfeile. Etwas schwieriger wird die Sache mit dem „Mund halten", wenn Druck im Spiel ist.

Da hat zum Beispiel der Verkäufer seinen Preis gesagt, und der Einkäufer versinkt in Schweigen. Jetzt kommt es darauf an, wer als erstes „Nerven" zeigt. Der Einkäufer will Druck aufbauen und den Verkäufer so verunsichern, dass dieser den Druck ablässt mit: „Wir können natürlich über den Preis reden." – Nerven verloren, Geld verloren. Selbstverständlich geht das auch umgekehrt: Der Verkäufer schweigt so lange, bis der Einkäufer herausplatzt mit: „Natürlich zahlen wir einen Aufschlag, wenn Sie bis zum nächsten Ersten liefern."

Herausforderndes Schweigen ist ein Test für die Schwächen des anderen: „Mal sehen, wie der mein Schweigen beantwortet." Der beste Rat in solch einer Situation ist: gelassen mitschweigen. Da man nicht weiß, worauf der andere hinauswill, hält man am besten die Klappe. Wer das nicht schafft, kann als zweitbeste Lösung das „Unentschiedene" in dieser Situation ansprechen: „Wäre es nicht besser, wenn Sie eine Ja-oder-Nein- Entscheidung treffen würden, anstatt dieses Schwert die ganze Zeit über'm Kopf hängen zu haben?" – Das ist immer noch besser, als Positionen aufzugeben, indem man eine Frage beantwortet, die nicht gestellt wurde.

Noch ein Hinweis: Wenn Sie im Team verhandeln, geben Sie diese goldene Regel (und vielleicht auch die restlichen sechs) vorher bekannt. Dann passiert Ihnen nicht, dass jemand aus Ihrem Team – vielleicht jemand, der als technischer Spezialist dabeisitzt – die ungemütliche Situation retten will und herausplatzt mit: „Das Angebot ist das beste, das ich bisher gesehen habe. Wir sollten nicht länger zögern." Das wäre nicht das erste Mal, dass jemand gar nicht versteht, was vor sich geht, und meint, seinen Leuten helfen zu müssen.

Literatur

ARNDT, P. und BRAUN, G.: Erfolgreich Kunden akquirieren, Wiesbaden 2006

CIALDINI, R. B.: Die Psychologie des Überzeugens, Bern 2004

CAMP, J.: Start with No, New York 2002

CLAUSEWITZ, C. von: Vom Kriege, Reinbek bei Hamburg 1999

DRUCKER, P. F.: Die Kunst des Managements, München 2000

KARRAS, C. L.: Give and Take, New York 1993

KLÖCKNER, B. W.: Verkaufstraining für Finanzdienstleister, 2. Auflage, Wiesbaden 2005

MOLCHO, S.: Körpersprache im Beruf, München 1979

RÜCKLE, H.: Körpersprache für Manager, München 1979

SCHALLER, B.: Die Macht der Sprache, München 1979

SCHULZ VON THUN, F.: Miteinander reden, Reinbek bei Hamburg 2003

WATZLAWICK, P.: Anleitung zum Unglücklichsein, München 1983

Der Autor

Gerold Braun, Jahrgang 1959, berät, coacht und trainiert Menschen, die in Verkauf, Einkauf oder Kundendienst die Profite ihres Unternehmens erwirtschaften. Auch als Redner bei Veranstaltungen und Kongressen hat er sich einen Namen gemacht.

Gerold Braun begann seinen Berufsweg mit einer Ausbildung zum Metallbauer. Nach einem Studium der Mathematik an der TFH Berlin sammelte er seine ersten Verhandlungserfahrungen im technischen Vertrieb eines deutschen Großkonzerns. Danach war er als Niederlassungsleiter eines mittelständischen Metallbauers und anschließend für den Händlervertrieb eines führenden Herstellers kaufmännischer Software verantwortlich.

Seit Mitte 2000 ist er selbstständiger Akquise- und Marketing-Berater und unterstützt kleine und mittelständische Unternehmen dabei, mehr Gewinn aus ihren Verhandlungen herauszuholen. In seinen Publikationen zu den Themen Marketing, Verkauf und Verhandeln liefert er seinen Lesern stets konkreten Nutzen zum Mitnehmen. Gerold Braun ist Co-Autor des Fachbuchs *Erfolgreich Kunden akquirieren – Wie Sie als Finanzdienstleister Kunden gewinnen und mehr Profit erzielen*, das ebenfalls im Gabler Verlag erschienen ist.

Internet: www.geroldbraun.de